왕
생
가

천도재 음악 악보집 왕생가

초판   1쇄 펴냄 2019년 7월 10일
개정판 1쇄 펴냄 2020년 4월 10일

지은이	법보종찰 해인사
발행인	정지현
편집인	박주혜
사 장	최승천
편 집	서영주, 신아름
디자인	이선희
마케팅	조동규, 김영관, 김관영, 조용, 김지현
구입문의	불교전문서점(www.jbbook.co.kr) 02-2031-2070~1
펴낸곳	(주)조계종출판사
	서울 종로구 삼봉로 81 두산위브파빌리온 232호
	전화 02-720-6107~9	팩스 02-733-6708
	출판등록 제2007-000078호(2007. 04. 27.)

ⓒ 법보종찰 해인사, 2019
ISBN 979-11-5580-135-2 08220

- 책값은 뒤표지에 있습니다.
- 저작자의 허락 없이 일부 또는 전부를 복제·복사하는 것을 금합니다.
- (주)조계종출판사의 수익금은 포교·교육 기금으로 활용됩니다.

천도재 음악 악보집
cheondo ritual music book

법보종찰 해인사 제작

왕생가

往生歌

조계종 출판사

● 천도재 음악 악보집 왕생가 제작 참여

증 명	벽산원각 대종사(해인사 방장)
총괄지도법사	중산향적 스님(해인사 주지)
제 작 총 괄	도정 스님(《월간 해인》편집장)
작 사 참 여	도정 스님, 동명 스님, 의정 스님, 김형미
작 곡 참 여	동민호, 최인영, 김강곤, 이용재, 유태진
제 작 후 원	도현 스님, 진각 스님, 만우 스님, 현선 스님, 재경 스님, 불암 스님, 인담 스님, 자각 스님, 일한 스님, 육기 스님, 보오 스님, 보관 스님
독 창	바리톤 김기환, 국악가 서동률
합 창	한국예술종합학교 '왕생가 합창단'

차례

천도재 음악 악보집《왕생가》안내하는 글 / 7

불교 천도재 의식의 현대음악화에 대하여_ 해인사 주지 향적 스님과의 대담 / 18

천도재는 무엇인가? / 25

● 악보

수설대회소 노래 / 50

고혼청 노래 / 59

관욕과 착의 노래 / 69

착어 노래 / 77

신묘장구대다라니 노래 / 86

잔칫상 노래 / 98

보공양진언의 노래 / 105

장엄염불 노래 / 110

마지막 위로의 노래 / 119

봉송의 노래 / 126

종사영반 노래 / 130

● 가사 모음

/ 138

천도재 음악 악보집 《왕생가》 안내하는 글

어느 날 문득, 해인사 주지 향적香寂 스님께서 불교 전통 천도재에 대한 문제의식을 가지고 천도재를 현대음악화할 계획을 말씀해 주셨다. 천도재를 음악으로 만들어 재를 지낼 때 법을 설하는 스님인 법주法主와 재를 지내는 재주齋主가 서로 공감하며 동참하는 재 의식으로 승화시킬 방법은 없는지에 대한 고민이었다.

가령, 가정에 누군가 돌아가신 분이 있으면 사찰에서 천도재를 지내게 된다. 돌아가신 분의 일가친척들이 재주가 되어 사찰에 모여 법주인 스님을 모시고 재 의식을 진행하게 된다. 보통 일가친척은 법당 안에 둘러앉아 있고, 법사 스님은 전통식 염불을 한다. 독실한 불자가 아닌바에야 재를 지내는 가족들은 재를 지낼 때 하는 염불의 내용이 무엇인지도 모른 채 거의 두 시간 이상을 꼼짝없이 잡혀 있다시피 앉았다가 재 의식이 끝나고서야 겨우 다리를 펴고 법당 문을 나선다. 거룩한 의식 앞에서 함부로 움직일 수도 없고, 내용은 고사하고 생소하기 짝이 없는 염불의 음률과 불교의 제반 의식은 감히 따라 하지도 못한 채 몇 번 절만 하다 의식을 끝맺는다. 다만 법주 스님께서 정성껏 재를 지냈으니 돌아가신 분이 좋은 곳으로 가셨으리라 믿을 뿐이다.

왕생가
●
천도재 음악 악보집

우리나라에 불교가 전래되기 이전부터 민중과 가장 가까웠던 불교 의례가 염불 의식이며, 염불 의식 가운데 가장 체계적이고 귀에 익숙한 것이 천도재 의식에 쓰이는 염불일 것이다.

천도재는 말 그대로 죽은 자의 극락왕생을 발원하는 의식이다. 염불을 통해 생전의 업장과 죄업을 소멸시키고 육체와 정신적 집착을 놓게 함으로써 즐거움 가득한 세상, 극락으로 가시기를 발원하는 것이다. 여기서 염불은 단순히 부처님 명호를 외는 것만을 의미하는 것이 아니다. 불교의 사성제四聖諦 가르침과 더불어 선사들의 깨달음을 글로 표현한 게송들을 목탁과 요령 또는 징과 북 등을 동원하여 음률화시켜 읊는 의식이다.

따라서 고래로부터 불교에 음악이 없었던 것은 아니다.《화엄경》에 음악의 신 건달바왕이 등장하는 것만 봐도 알 수 있다. 천도재에 쓰였던 염불의 음률은 이미 하나의 완성된 음악이었다. 염불이 비록 현대음악처럼 악보화하고 규정화시킨 음악은 아니지만, 고대로부터 사자전승으로 사사되고 구전된 승가만의 음악임에는 틀림없다.

이 염불조에 물고기가 뛰어노는 듯한 가락을 넣어 의식화한 것이 어산작법魚山作法이 되고, 춤사위가 들어가 승무僧舞가 되고, 바라춤, 법고춤, 나비춤과 같은 무용을 포함시켜《법화경》에서 부처님의 영산 설법 내용을 불교 의식으로 표현해 죽은 자의 극락왕생을 아울러 비는 영산재靈山齋 의식이 되었다. 영산재는 1973년 대한민국중요무형문화재로 지정되어 국가의 보호를 받고 있다. 다만 1987년에 영산재 보존회가 공식적으로 설립되어 전승 활동을 시작하였으니 이 또한 나름의 현대의 정형화된 불교 의식으로 정착한 것은 과히 오래지 않았으리라는 것을 짐작할 수 있다.

이처럼 천도재는 전국 어느 사찰에서든 크고 작은 불교 행사로 봉행되고 있다. 예로부터 국가의 전란에 희생된 장졸들과 가족들을 위무하거나 국가의 대소사를 앞두고 재를 지냄으로써 불보살님의 가호를 빌었다. 뭇 생명들의 극락왕생을 발원하는 수륙재水陸齋도 이런 천도재의 한 형태다. 그러나 현대에 이르러서는 국가적 행사로서 천도재 의식은 거의 사라져버렸고 돌아가신 부모님이나 친족들의 극락왕생을 발원하는 개인이나 가족이 사찰에서 형편에 따라 재를 행하는 의식이 전승되어오고 있는 것이다. 물론 돌아가신 뒤 7일마다 일곱 번 재를 지내는 49재도 천도재 속에 포함된다. 천도재를 49일간 7번 지내기에 49재라고 할 뿐이다.

그러면 어떻게 해야 기존의 천도재 의식이 법주와 재주가 서로 공감하고 동참하는 현대화된 천도재 의식으로 승화될 수 있을까? 천도재를 현대음악화한다면 어떤 형식으로 만들 것인가도 숙제로 남겨졌다. 그 어려운 숙제를 자의 반, 타의 반으로 떠안게 된 나는 어쩌면 이 일이 숙명일지도 모른다는 생각과 반드시 완성하리라는 거창할 것도 없는 나름의 발심을 하게 되었다. 다행히 해인사 종무회의를 통해 사중 소임자 스님들의 전폭적인 지원을 얻고, 예산도 확정 받았다.

천도재 음악에 맞는 가사를 만드는 일이 첫 번째 숙제였다. 나를 포함해 승려 시인인 동명 스님, 의정 스님, 《월간 해인》 필진인 김형미 시인이 참여했다. 이어 해인사 주지 향적 스님의 지도로 작업은 빠르게 진행되어 열한 곡의 작사를 완성하였다.

이제 작곡가를 섭외하는 두 번째 숙제가 생겼다. 네 명의 시인은 머리를 맞댄 채 어떤 작곡가를 섭외할 것인지에 대한 고민이 깊어졌다. 기존의 유명한 작곡가를 찾아가 곡을 부탁할 것인가 아니면, 실력이 검증된 중진 작곡가를 선정하여 우리가 원하는 곡의 형태로 천도재 음악을 만들 것인가가 문제였다. 결론은 기존 불교음악의 틀을 벗어나 신선한 충격을 주되 전통과의 괴리감은 없어야 한다는 의견의 일치를 보았다. 기존의 유명 불교계 작곡가는 불교음악이라는 나름의 고정된 틀을 벗어나기 어렵지 않겠느냐는 우려가 제기되었다.

그래서 젊고 패기 넘치는 중진 작곡가 세 명을 선정하고 작사에 맞춰 곡을 의뢰하게 되었다. 그들이 동민호, 최인영, 김강곤 작곡가다. 클래식을 전공한 작곡가와 실용음악의 흐름을 잘 아는 작곡가와 우리나라 전통악기를 이용한 음악에 정통한 작곡가를 포함한 삼인삼색三人三色의 색깔이 뚜렷한 작곡가들이다. 후에 이용재, 유태진 작곡가도 참여하였다. 곡의 전체 흐름은 작사를 한 도정, 동명, 의정 승려 시인 3인의 몫이었다. 천도재는 누가 뭐래도 승려가 그 흐름을 잘 안다. 천도재의 내용과 의미, 흐름을 현대음악으로 표현하려면 어느 부분이 장엄하고 화려해야 하며, 어느 부분이 흥겹고 애절해야 하는지도 잘 안다. 그래서 천도재 현대음악화 작업은 세 명의 승려 시인들이 의견을 모아 처음부터 끝까지 곡의 빠르기와 흐름, 분위기까지 정하게 되었다. 이러한 승려 시인들의 의견을 마다않고 최대한 반영하여 서로 어우러지는 천도재 음악을 작곡한 다섯 분 작곡가에게 깊이 감사의 말씀을 드린다. 아울러 독창을 맡아주신 바리톤 김기환 선생과 국악가 서동률 선생께 감사의 말씀을 전하며, 한국예술종합학교 '왕생가' 합창단 학생들께도 감사를 드린다.

불교의 천도재 의식은 일률적이며 거대한 이야기 흐름을 가지고 있다. 마치 죽은 자를 위한 대서사시와도 같다. 그래서 천도재 음악도 그 거대한 이야기의 흐름을 거스르지 않는 작사·작곡이 요구되었다.

천도 법회의 시작은 거불擧佛을 한 후 법당에서 대령 상을 차려 놓고 거불 법주가 대령소對靈疏와 수설대회소修設大會疏를 고하면서 시작한다. 대령소對靈疏는 영가에게 천도재를 시작하는 것을 알리는 염불이며, 수설대회소는 천도 법회를 열게 된 인연을 부처님과 염라전에 고하는 의식이라 할 수 있다. 법주가 고하는 수설대회소는 천도 법회의 시작을 알리는 개막 의식인 셈이다. 그래서 천도재 음악의 첫 시작도 '수설대회소 노래'로 시작된다. 음악은 장중하고 화려하며 막을 여는 노래답게 너무 빠르거나 너무 무겁지 않도록 진행된다. 합창이 중심이 되면서 힘이 있다.

천도재를 고하는 수설대회소를 마치면 돌아가신 분, 즉 영가靈駕를 모셔다 목욕과 새 옷을 입히는 관욕灌浴 의식을 행하게 된다. 천도재에서 영가를 불러 모시는 건 두 번 이루어지는데, 관욕을 시작할 때 한 번, 음식을 공양하고 법문을 들려주는 관음 시식을 할 때 다시 한 번 한다. 이를 고혼청孤魂請이라고 하는데, 돌아가신 분을 초청하는 매우 중요한 의식이기 때문에 천도재 음악에서도 '고혼청 노래'를 만들었다. '고혼청 노래'는 엄숙하면서도 부드럽게 영가를 부르는 합창곡 형식을 추구하였다.

이제 법주가 영가를 모셨으면 부처님 앞에서 법을 듣고 공양을 받기 전 더러움을 씻는 의식을 행해야 한다. 더럽고 추한 몸으로 부처님 앞에 설 수 없기 때문이다. 몸의 때를 씻는 의식은 부처님의 위신력을 빌려 영가가 살았을 때 지었던 업의 때를 씻는 의식을 상징화한 것이다. 때를 씻듯 번뇌를 씻고, 양치질하듯이 입으로 지은 죄를 씻고, 머리를 빗듯 온갖 악한 생각을 씻고, 새 옷을 입듯 해탈로 나아가는 과정은 모두 관욕 의식에 담긴 상징성이다. 이를 '관욕과 착의 노래'라 제목을 짓고 음악화하였다.

영가는 이제 법주法主의 청에 의해 부처님 앞에 다시 선다. 목욕을 하면서 번뇌의 때를 씻고 해탈의 새 옷을 입는다. 부처님께 예를 올릴 준비가 된 것이다. 재주^{齋主}는 부처님께 공양을 올리고 법주의 염불에 맞춰 영가와 함께 예불을 시작하게 된다. 그리고 법주는 부처님께 영가의 극락왕생을 발원하는 축원을 하고, 재를 지내는 가족을 위한 축원도 하게 된다.

부처님께 예불을 마치면 본격적으로 법을 설하는 천도 의식이 펼쳐진다. 법은 음식을 베푸는 것과 함께 진행되는데, 경전에 나오는 가르침과 선사들의 깨달음을 읊은 게송이 중심을 이룬다. 아울러 온갖 공덕과 지혜가 함축된 진언과 다라니도 함께 설하게 된다. 이를 '관음시식觀音施食'이라 하는데, 관음시식은 법주의 '착어着語' 법문을 시작으로 이루어진다. 착어는 법주가 느리고 또박또박한 발음으로 영가가 알아듣기 쉽도록 설하는 법문인데, 천도재 전체의 내용을 짧고 간결하게 함축해 놓은 법어다. 만약 이 착어 법문을 영가가 알아듣는다면 이미 해탈의 경지에 이르게 되며 법신의 자리를 얻게 되는 것이다. 그래서 천도재 음악에 '착어着語의 노래'를 포함시켰다. '나는 과연 누구인가' '생사는 또한 무엇이던가' 하는 의문과 해답이 노래의 중심을 이룬다. 독창이 중심이면서 합창으로 부드럽게 화음을 이룬다.

착어 대목에서 영가가 법의 요체를 깨닫지 못했다면, 다시 법문을 들어야만 깨달음을 얻고 해탈을 이루게 된다. 그래서 이제 법주와 재주들은 모두 합심하여 영가를 위해 신묘장구대다라니를 설하게 된다. 신묘장구대다라니는 부처님의 공덕과 지혜, 극락세계 부처님 아미타불의 좌보처인 관세음보살의 원만대비심을 찬탄하는 내용으로 이루어져 있다. 신묘장구대다라니는 비밀스런 주문인데, 부처님의 모든 공덕과 지혜가 담긴 비밀 주문이라서 총지總持라고도 한다. 천도재 음악에서도 이 부분을 중요하게 여겨 '신묘장구대다라니 노래'를 만들었다. '신묘장구대다라니'는 산스크리트어 그대로 노래로 진행되는데, 조금 빠른 템포다. 또한 남성과 여성 합창이 번갈아 이어지며 역동적이며 흥겨운 데에 웅장한 맛을 더하여 기존의 신묘장구대다라니 음악과 확연한 차별성을 두면서도 합창곡으로도 매우 적절하도록 만들어 각 사찰에서 활용할 수 있도록 하였다.

천도재에서 영가를 모셔다 법주와 재주가 함께 신비한 주문인 신묘장구대다라니 독송을 마치게 되면 영가님께 공양을 올리는 순서가 된다. 공양은 밥과 떡, 과일, 가지

왕생가
•
천도재 음악 악보집

각색의 나물 반찬, 영가님이 생전에 즐기던 음식들을 차려 대접하는 의식이다. 영가님께 공양을 올리는 의식은 "가지가지 음식이 온 세계에 두루하여 사람마다 굶주림과 목마름을 면하고서, 지옥세계 무너지고 맺은 원결 풀어지며, 어서 빨리 극락세계 태어나길 원한다"는 발원이 담겨 있다. 공양은 단지 재를 지내는 영가님만의 음식이 아니라 상세선망 부모를 비롯하여 재를 지내는 도량 안팎의 모든 영가님들을 초청해 함께 한바탕 잔치를 벌이는 일이다. 지금까지의 전통 천도재 의식에서는 법주의 염불이 중요하였으나 음악에서는 법주와 재주, 영가가 재 의식에 함께 어우러지며 공감하고 동참하는 게 중요하다. 그러니 공양은 음식에 그치는 것이 아니라 지혜를 생각하고, 나눔을 생각하고, 자비 실천을 생각하는 의식이 된다. 천도재 음악에서도 잔치의 분위기를 강조하여 '잔칫상 노래'를 만들었다. 북, 꽹과리, 징, 장구 등의 사물로 흥을 돋우고 오케스트라 음악을 더하여 장엄하면서도 흥겹고, 격조를 잃지 않도록 하였다. 이 '잔칫상 노래'가 뮤지컬의 한 부분이 된다면 관객과 공연자의 경계를 허물고, 가장 많은 인원이 한 무대로 올라와 뛰어노는 한바탕 잔치가 될 것이다.

천도재 의식에서 영가님들께 올리는 공양 잔치가 끝나면 영가는 공양을 받은 것으로 그치는 게 아니라 두루 회향回向하는 의식을 행하게 된다. 받았으니 다시 나누는 의식을 통해 자신의 욕심을 내려놓고 온 법계法界를 향해 보살심을 발원하는 것이다. 생전에 지었던 자신의 탐진치貪嗔癡를 참회하면서 지금까지 나누며 베풀지 못했던 삶을 되돌아보는 일이기에 보공양普供養이며 보회향普回向이 된다. 천도재 음악에서도 이 부분을 중요시하였다. 다만 보회향, 즉 '보공양진언의 노래'는 천도재에서 장엄염불로 넘어가기 전에 이루어지는 합창 형식의 리드곡으로서 곡의 길이가 짧은 편이다.

공양을 받은 영가님이 공덕을 두루 회향하는 의식이 끝나면 천도재의 하이라이트 장엄염불莊嚴念佛이 이어진다. 장엄염불은 천도재 의식에서 가장 길고 다양한 빠르기와 다양한 내용의 법어가 펼쳐진다. 서방극락세계의 아미타부처님을 찬탄하는가 하면, 선禪적이면서 시詩적인 게송偈頌들이 염불로 펼쳐진다. 전통 천도재 의식에서 장엄염불만큼 다양한 빠르기와 다양한 시적 언어로 구성된 부분은 없다. 천도재 의식에서 목탁과 요령, 징, 북 등 이용할 수 있는 다양한 불구佛具와 악기를 동원해 진행하는 것도 장엄염불의 장엄성을 대변한다. 장엄염불은 영가가 법을 듣고, 공양을 하고, 모든 공덕을 회향하는 발원을 한 뒤 극락세계를 향해 본격적으로 발걸음을 내딛고 출발하는 상황을 염불 의식으로 표현한 것이다. 극락세계는 지장보살과 관세음보살이 인도하는 지혜를 상징하는 반야용선般若龍船을 타고 고해의 바다를 건너 저 열반의 언덕으로 간다. 장엄염불은 극락세계로 떠나기 전 부모님께 감사하고, 친구에게 감사하고, 국가의 은혜에 감사하고, 스승의 은혜에 감사하고, 염불공덕을 찬탄하면서 감사하는 등 온갖 인연에 대한 고맙고 감사한 마음이 담겼을 뿐 아니라 깨달음의 세계, 극락세계를 묘사하는 게송을 통해 극락세계로 가는 영가나 법을 설하는 법주나 재를 지내는 재주까지 환희심을 불러일으키는 법어들로 구성되어 있다. 천도재 음악에서도 '장엄염불 노래'를 가장 중요하게 생각해 작사·작곡을 하였으며, 전통의 구성진 염불조를 잃지 않으려 애썼다. 다만 아름다운 게송을 노래에 충분히 담아 내지 못한 아쉬움이 크다. 음악의 길이를 감안하지 않을 수 없는 까닭이다.

천도재의 내용 중 가장 길고도 중요한 장엄염불 의식이 끝나면 마지막 의식만 남는다. 바로 봉송奉送 의식이다. 봉송은 말 그대로 마지막 작별 인사 의식이다. 이생에 남겨진 가족들은 이별의 아픔을 뒤로한 채 이제는 일상으로 돌아가야만 한다. 사랑하는 그 누군가를 목 놓아 부르듯, 다시 못 볼 사람을 눈물로 전송하듯 "극락왕생하옵소서"를 발원하는 '원왕생願往生'을 읊조린다. 소대로 가서 옷을 태우고, 이생에 진 빚 극락 가서 갚으라고 지전紙錢도 태우고, 사진도 태우고, 재를 지낼 때 걸었던 번幡도 태우고, 위패도 태우며 이별을 고한다. 이별을 고하는 주체는 영가와 남겨진 가족이다. 이별의 말도 기존의 천도재에서는 법주가 대신해서 염불로 한다. 그러나 천도재 음악에서는 영가도 이별사를 하고플 것이라는 생각에 '마지막 위로의 노래'를 따로 만들었다. 또한 천도재 봉송 의식을 '봉송의 노래'로 만들어 천도재 음악에 포함시켰다.

천도재는 이렇게 대단원의 막을 내린다. 대서사시 같은 천도재 의식이 끝을 맺는 것이다. 그러나 지금까지의 천도재는 일반 불자들을 위한 천도 의식이다. 덕 높으신 스님이 열반에 들었을 때는 천도 의식이 좀 다르다. 이미 수행력이 깊어 따로 법문을 하고 공양을 올리며 극락으로 인도하는 장엄염불이 과히 필요치는 않다. 그래서 덕 높으신 스님네가 열반했을 때는 종사영반宗師靈飯이라는 의식을 별도로 지내게 된다. 덕 높으신 스님이 열반에 들었다 할지라도 사찰에서 천도재 의식을 하지 않는 것도 아니다. 다만 49재가 끝난 뒤 기재記齋 때는 유교의 제사처럼 지내는 게 아니라 간단히 차를 올리고 헌향獻香과 헌화獻花를 하며 종사영반 의식을 하는 것으로 마무리된다. 종사영반은 스님의 공덕을 찬탄하며 불보살님으로 이 사바세계에 다시 오셔서 중생을 제도해 주시기를 바라는 의식이 된다. 천도재 음악에서도 이 부분을 중시하여 '종사영반 노래'를 지었다. '종사영반 노래'는 합창이 주를 이루지만 헌향과 헌화를 할 때 배경음악으로만 쓰여도 의식의 장엄함을 줄 수 있도록 노력하였다. 예를 들어 현충일 때 호국 영령들께 헌화할 때 장엄한 배경음악이 깔리듯 '종사영반 노래'가 재 의식을 장엄하는 역할을 하는 데 많은 도움이 될 것으로 생각된다.

천도재를 현대음악화하는 작업이 말처럼 쉬운 일은 아니었다. 말이 현대음악화 작업이지 작금의 현대음악이라는 것이 컴퓨터 전자음악만을 일컫는 것일 때 그 의미가 꼭 맞지는 않다. 천도재 음악 〈왕생가〉는 고전적인 오케스트라 음악과 독창 및 합창을 바탕으로 하기 때문이다. 이 고전적 음악 형태에 다양한 국악기와 목탁, 요령, 경쇠 등의 법구 소리를 접목시켰다. 물론 전자음악적 요소도 다소 포함되었으니 엄밀히 따지면 퓨전 클래식 음악이라고 해야 더 정확할 듯하다. 그러나 불교의 천도재 전체를 정형화된 악보에 맞춰 음악화한 예는 불교 역사상 지금까지 한 번도 없었으므로 현대음악이라 명명해도 과히 틀린 말은 아닐 것이다.

이렇게 천도재의 현대음악화 작업은 작사와 작곡, 녹음에서 책자로 악보집을 내기까지 기획 단계에서부터 예산 문제에 부딪혀야 했고, 정해진 기간 안에 만들어 발표해야 한다는 시간과의 사투도 있었다. 그러나 힘들고 어렵다는 생각보다는 이 고단한 작업이 현재와 미래의 불교문화 발전에 작은 밑거름이 될 것이라는 희망이 나의 천도재 현대음악화 원력을 다잡아 주었다.

이제 〈왕생가〉 천도재 현대음악화 실무를 총괄해 진행해 온 사람으로서 '안내하는 글'을 마치고자 한다. 천도재 현대음악화 작업은 음악을 만들고 악보집을 발간한 데에서 그치는 게 아니라 천도재 음악을 각 사찰에 어떻게 보급하고 활용하게 할 것인가에 대한 새로운 숙제도 안겨 주었다. 천도재 음악이 불교 연극이나 뮤지컬로 공연되고, 오페라로도 공연되기를 희망한다. 옛날에 나라에서 치르던 법고좌 행사처럼 국가의 각종 행사에도 천도재 음악이 쓰이길 희망한다. 그래서 발전된 불교문화가 현대인들의 불교에 대한 접근성을 용이하게 만들고, 함께 어우러지며 공감하는 불교 포교의 마중물이 되기를 희망한다. 종단의 안목과 후원이 요구되는 사항이다. 이 작은 천도재 현대음악화 작업의 씨앗이 무수한 열매로 맺어지길 고대한다. 끝으로 해인사 주지 향적 스님의 응원과 전폭적 지원이 없었다면 천도재 음악은 만들어질 수 없었음을 다시 고백하며 존경의 말씀을 거듭거듭 올리는 바이다.

해인사《월간 해인》편집장 도정 합장

불교 천도재 의식의
현대음악화에 대하여

●●●
해인사 주지 향적 스님과의 대담

대한불교조계종 제12교구 본사인 해인사에서 특별한 일을 기획했다. 불교의 천도재 의식을 현대음악화하기로 한 것인데, 웅장하면서도 서사성이 가미된 독창적인 불교음악으로 만들고자 한 것이다. 사부대중이 다 함께 죽은 이를 위로하고, 전통과 현대의 소통을 통한 공생공존의 삶을 지향하기 위함이다. 이번 작업은 향적 스님의 적극적인 후원과 진취적인 의지가 있었기에 가능한 일이었다. 향적 스님은 《월간 해인》을 창간한 초대 편집장, 《불교신문》 사장, 제15대 중앙종회의장을 지낸 바 있는 개혁적 성향의 스님이다. 이번 작업에 대해 대중들이 궁금해 할 만한 몇 가지 주제를 가지고 향적 스님의 고견을 들어 보았다.

Q.1 불교의 천도재 의식을 현대음악화하려는 시도는 어떤 계기가 시발점이 되었는지 궁금합니다.

A 천도재는 죽은 사람의 영혼을 위로하고 고인의 명복을 기원하는 것입니다. 죽은 이로 하여금 생전에 지어 놓은 악업이나 원한 관계들을 부처님의 법력에 힘입어 떨쳐 버리고, 청정한 마음을 회복하여 좋은 곳에 태어나기를 발원하는 의식이지요.

이렇듯 천도재 경전 내용은 더할 나위 없이 좋은데 신도들이 천도재가 무엇을 의미하는지 잘 알지 못합니다. 천도재 시간이 길다 보니까 지루해 하는 면도 있지요. 그러니 내용이 아무리 좋아도 감동을 주기 어렵습니다.

또한 천도재는 죽은 사람과 산 사람을 위한 의식이니만큼 의식에 참여한 사람들과 스님이 다 같이 해야 합니다. 재를 주관하거나 주도하는 스님 혼자 하는 것이 아닙니다. 아무리 수승한 법문이라도 스님 혼자서만 한다면 무슨 의미가 있겠습니까.

그렇기 때문에 천도재 의식을 현대음악화해서 스님과 신도, 더 나아가 참여한 사람들이 의식을 함께 공유해야 한다고 생각합니다. 그래야 재 의식이 더욱 성스러워질 수 있는 것 아니겠습니까. 그런 이유로 이번 일을 시도하게 된 것입니다. 불교라고 해서 흔히들 생각하는 대로 전통만 있어야 하고 현대화하면 안 된다고 생각하는 것은 편견에 지나지 않습니다.

Q.2 사실 젊은 층은 불교를 어려워하고 쉽게 접할 수 있는 종교라고는 생각하지 않을 수 있습니다. 이번 작업이 불교 포교에 어떤 영향을 줄 것이라 생각하십니까?

A 부처님도 귀족층이 쓰는 산스크리트어가 아닌 서민들이 주로 쓰는 마가다어로 법문을 하였습니다. 대중과 소통하기 위해서였지요. 소통한다고 말할 때는 명확한 의사 전달의 차원을 넘어서는 의미가 있습니다. 즉 정서적 교감을

필요로 하지요. 천도재도 마찬가지입니다. 죽은 자와 산 자 간에 맺힌 원한과 애착을 풀어야 하는데, 이것을 풀어주기 위해 하는 것이 법문입니다. 법문이 없다면 천도재가 아니라 단순히 제사에 그치고 맙니다. 그런데 법문을 통한 천도재의 뜻하는 바가 전달되지 않는다면 결코 소통이 원활하지 않겠지요. 소통되지 않으면 영가와 재에 참석한 자들이 이해할 수 없을 것입니다.

그런 면에서 영가도 어찌 보면 이 시대 사람입니다. 신도들이 못 알아듣는다면 영가 또한 마찬가지입니다. 천도재를 지내는 의미 또한 없습니다. 그래서 서로가 이해하고 소통할 수 있도록 이런 작업이 필요한 것입니다. 이번 작업을 통해서 불교 문턱이 한 단계 낮아져 젊은 층이 쉽게 다가들 수 있는 계기가 되리라고 봅니다.

물론 어린이들은 죽음에 대해 생각하지 않습니다. 하지만 어린이들 또한 천도재 즉 49재가 진실로 영혼을 깨우치고 살아 있는 사람들이 죽음에 대해 성찰하게 하는 의식이라고, 그렇게 접근해야 하지 않을까요. 깊게 이해하지는 못하겠지만, 어린이들에게도 그렇게 생각할 수 있는 환경을 만들어 주리라고 생각합니다.

Q.3 이번 작업이 한국 불교음악의 새로운 지평을 열고 불교 예술의 장을 확장시킬 것이라는 기대가 큽니다. 앞으로 계획은 어떻습니까?

A 저는 도전적이고 개혁적인 성향이 강합니다. 모험 정신이 없으면 개혁을 못합니다. 개혁을 못 하면 그 어떤 변화도 바랄 수 없겠지요.

천도재 의식을 현대음악화하는 것은 해인사가 처음 시도하는 것입니다. 기존 찬불가만으로는 미흡한 점이 있기 때문입니다. 그럴 수밖에 없는 것이 기독교의 찬송가는 이미 작곡된 악보에 가사를 붙인 것이라 접근이 용이합니다. 그에 비해 불교는 무에서 유를 만들려니 어렵습니다. 한국 정서에 맞게 하려니 또 어렵지요. 불교는 동양적 보수 성향을 가지고 있어 근대 사회로 오면서 현대 사회화되는 부분이 서양보다 더딥니다. 그렇다고 동양은 전통을 고수하고 서양은 개혁적이라는 시각을 갖는 것은 편견입니다.

재(齋)는 불교만이 가지고 있는 독특한 종교 의식입니다. 동물들은 동료가 죽었을 때 그냥 슬퍼할 뿐이지요. 새가 짝을 잃으면 그 자리를 못 떠납니다. 하지만 죽은 자를 기억하고 추모하는 건 사람만이 할 수 있는 문화입니다. 이것은 인간의 윤리와 도덕의 문제로도 직결되는 것이지요. 우리나라는 예로부터 장례 의식을 통해 그 사람의 인격을 평가해 왔습니다.

또한 불교는 모든 생명을 소중히 여기고 존중합니다. 그리하여 살생하지 말라는 것이 불교의 첫째 계율입니다. 불교는 2,600년 전부터 그런 사상을 가르쳐 왔습니다. 생명 있는 것들은 다 공생공존해야 살 수 있다는 얘기지요. 그와 연관하여 의식과 법문을 통해 영가를 깨우치는 종교는 불교밖에 없을 것입니다. 사후 영가를 천도하고 위로하는 문화를 가진 불교의 독특한 특성을 현대인들이 공감하고 같이 공유할 수 있으면 좋겠습니다. 불교가 지향하는 바가 중생과 함께한다는 것이니까요. 물론 이번 계기를 통해 앞으로 나아갈 방향에 대해 모든 것을 다 얘기할 수는 없습니다. 불교 교리가 현대인들과 가까워지는 계기가 될 수 있었으면 합니다.

Q.4 예전에도 범패와 오케스트라의 혼합 공연을 한 적이 있었지만, 불교 전통음악과 현대음악의 접목이 결코 쉬운 일은 아니라는 의견이 있었습니다. 이번 작업은 천도재에 다 함께 동참할 수 있는 합창곡으로 만드는 것인데, 천도재 음악 불교계 보급의 문제점과 해결 방안은 무엇이라고 생각하십니까?

A 원래 범패 자체가 어렵습니다. 현대음악은 서구 기독교 문화와 함께 출발했기 때문에 범패를 현대음악화하기에는 안 맞습니다.

물론 천도재 의식을 현대음악화하는 것도 쉬운 작업은 아닙니다. 인간이 죽어서 윤회하는 것은 아미타경에 의할 것 같으면 죽기 직전의 마지막 한 생각에 의해서 윤회의 세계가 결정된다고 합니다. 그리하여 시달림을 가면 아미타경 독송과 나무아미타불을 정근을 많이 합니다. 그것은 아미타불의 명칭은 산스크리트어인데 무량수無量壽 무량광無量光, 즉 영원한 생명과 영원한 빛의 세계로 가기를 발원하는 것입니다. 그러니까 죽음을 슬퍼 할 일이 아니라는 것을 깨우쳐 주기 위한 불교의식입니다.

이와 같은 천도재 의식을 현대음악으로 작곡, 작사해 보려는 시도는 시작일 뿐 완성은 아닙니다. 아직 미완성이라 해야 맞을 것 같습니다. 적어도 이런 작업을 통해 불교의 사십구재 의식에 대중이 관심을 갖도록 마중물 역할을 하자는 데 뜻이 있습니다.

Q.5 전통문화의 계승과 현대화 노력은 어느 분야에서나 시급한 시점입니다. 그렇다고 현대화시키는 작업에 힘을 쏟다 보면 고유의 전통문화가 빛을 잃을 수 있다는 지적도 있습니다. 이런 의견에 대해서는 어떻게 생각하십니까?

A 종교는 보수적인 면이 강하기 때문에 전통을 중요시합니다. 그렇다고 전통만을 고집하다보면 현대 사회와 멀어지는 면이 있습니다. 그러니까 전통과

현대를 어떻게 조화시키느냐가 문제가 아닐까 합니다. 불교의 의식을 현대화하려면 많은 시간이 필요하다고 생각합니다. 스님들의 노력에 달렸지요. 다시 말씀드리지만 천도재의 현대음악화는 시대와 소통하는 것입니다. 언어도 시대에 따라 변하지요. 과거 농경문화 사회에서 쓰던 언어와 지금의 IT 정보화 사회에서 쓰이는 언어는 다릅니다. 그 시대에는 그것이 최상이고, 이 시대에는 이것이 최상이 되겠지요. 문화에 따라 언어는 변합니다. 그에 맞추어 가는 것이 바로 현대화인데, 이번 작업이 당연히 어려운 일임에는 틀림없습니다.

현 시대 사람들이 공감할 수 있게 하는 작업이라야 하겠고, 그렇다고 현 시대에만 초점을 맞추다 보면 불교의 근본 사상을 훼손할 수도 있는 문제입니다. 중요한 것은 큰 흐름 속에서 변하는 흐름을 잘 짚어야 한다는 것입니다. 그렇게 볼 때 죽음에 관한 것은 아무리 과학이 발전해도 해결하기 어려운 문제입니다. 종교만이 죽음의 문제를 다룰 수 있다고 봅니다. 그리고 종교는 과거와 현재, 미래를 초월하지요. 초월해 있으면서 과거와 현재, 미래를 연결해 줍니다. 현대 사회에서 고수할 것은 고수해야 된다는 얘기지요. 전통의 고유성을 지키면서 시대성에 부합해야 된다고 봅니다.

Q.6 이번 작업을 계기로 앞으로 한국 불교가 어떤 방향으로 불자들을 이끌어 줄지 궁금합니다. 아울러 한국 불교가 어떤 방향으로 나아가길 바라십니까?

A 깨달음이란 중생을 구제하기 위한 것입니다. 그렇다면 스님들이 자기중심적이지 않고 중생과 더불어 공생공존하는 법문을 해야 합니다. 이 시대 사람들이 불교를 이해하지 못한다고 해서 소통하지 않고 수행만 한다면 신선도에 지나지 않아요. 불교가 수행자 중심적이라면 종교가 아니겠지요. 대승불교의 사상은 자타일시성불도自他一時成佛道, 즉 너와 내가 동시에 함께 깨닫는다는 것입니다. 불교에서 한없는 중생을 제도하겠다고 한다면, 중생과 함께해야

합니다. 그래야 고등 종교로서 중생들에게 희망과 비전을 제시할 수 있습니다.

그렇다고 '사회참여'라는 말은 다소 정치적이라고 생각합니다. 이미 함께 살고 있는데, '참여'라는 말이 굳이 필요할까요. 그저 편견에 불과하지요. 불교의 기본 사상은 모든 인간은 평등하다는 것입니다. 그것이 불교의 생명이지요. 인도에서 힌두교를 누르고 불교가 성장할 수 있었던 이유이기도 합니다. 하지만 불교가 승가 중심으로만 되었을 때 불교는 퇴색할 수밖에 없을 것입니다. 의식이 예전에는 사제자의 특권이었습니다. 그런 권위적인 것은 불교 사상과 맞지 않아요. 의식이 성직자 중심이 아니라 대중과 함께 공유할 수 있어야 합니다.

인터뷰 및 정리 _ 김형미 시인

천도재는 무엇인가?

동명 _ 승려 시인

1. 천도재는 무엇인가?

죽음이란 가장 철저한 이별이다. 만해 스님이 "우리는 만날 때에 떠날 것을 염려하는 것과 같이 떠날 때에 다시 만날 것을 믿습니다"(《님의 침묵》)라고 노래했듯이, 죽음을 제외한 다른 이별 후에는 다시 만날 것을 기대할 수 있지만, 죽음 후에는 만남을 기약할 수 없다. 그런 면에서 죽음은 한 사람의 생애 가운데 맨 마지막에 치르는 가장 중요한 행사라고 할 수 있다.

죽음 후에 우리는 정든 이들을 떠나 어디로 가는가? 부처님은 여섯 가지 세상에 다시 태어난다고 말씀하신다. 그중 지옥地獄과 아귀餓鬼와 축생畜生은 좋지 않은 곳이고, 수라修羅와 인간人間과 천상天上은 상대적으로 좋은 곳이다. 지옥은 말할 수 없이 고통스러운 세계이고, 아귀는 목구멍은 바늘구멍만 한데 배는 엄청나게 커서 굶주림에 시달리는 세계이고, 축생은 어리석은 짐승들의 세계이다. 수라는 다투기를 좋아하는 세계이고, 인간은 바로 사람들의 세계이며, 천상은 즐거움으로 가득한 평온한 세계이다.

중생이 윤회하는 과정은 네 가지로 분류하여 설명할 수 있다. 생유生有와 본유本有, 사

유^{死有}, 중유^{中有} 등이 그것이다. 이 세상에 태어남을 생유라 하고, 그로부터 죽음에 이르기까지의 기간을 본유라 하며, 죽는 순간을 사유, 그리고 죽어서 다시 태어날 때까지의 기간을 중유라 한다. 중유 상태의 영가^{靈駕}를 중음신^{中陰身}이라고 하는데, 어떤 영가는 이 세상에 대한 미련이 깊어 떠나지 못하고 중음신 상태를 벗어나지 못하는 경우도 있다. 실제로는 태어나지 못하고 태아 상태에서 죽는 경우도 있는데, 잉태된 뒤부터 태어나기까지의 기간을 생유로 본다면, 태아 상태에서 죽은 경우는 본유의 상태를 거치지 않고 생유에서 바로 중유 상태로 들어갔다고 보는 것이 옳다.

죽으면 가게 된다는 여섯 가지 세계와 네 가지 윤회하는 과정을 종합하여 살펴보면, 우리는 태어나서 살아가다가 죽어서 중유의 기간을 거쳐 여섯 가지 세상에 다시 태어나게 된다고 볼 수 있는데, 가끔은 이 세상에 대한 미련 때문에 떠나지 못하고 중음신 상태로 남아서 다른 곳으로 떠나지 못하는 경우도 있으며, 어떤 경우에는 자신이 죽었다는 것을 자각하지 못하기도 한다.

우리나라 절에서는 죽어서 중유 단계에 있는 이를 위해, 또는 오래전에 죽은 이를 위해 천도재^{薦度齋}를 지낸다. 천도재란 무엇인가? 천^{薦}은 천거한다, 올린다는 뜻이고 도^{度}는 건넌다, 떠난다는 뜻이며 재^{齋}는 몸과 마음을 깨끗이 하여 공양한다는 의미이다. 따라서 천도재를 글자 그대로 풀어 보면, 어떤 이(영가)를 천거하여 떠날 수 있도록 몸과 마음을 깨끗이 하여 공양한다는 의미가 되겠다. 어디로 떠나야 하는가? 육도 중에서 가장 수승한 곳은 천상이다. 천상으로 간다면 대단히 훌륭한 것이다. 그러나 천도의 진정한 의미는 육도윤회를 벗어나는 것이다. 따라서 천도재의 1차 목표는 영가가 좋은 곳으로 가도록 하는 것이라 할 수 있지만, 궁극적 목적은 영가뿐 아니라 모두가 함께 윤회의 굴레로부터 벗어나도록 하는 것이다. 천도재에서 읽는 경이나 설해지는 법문을 보면 천도재의 궁극적인 목적이 분명하게 나타난다.

궁극적이고 원대한 목적이 있긴 하지만, 실제 사찰에서는 훨씬 소박한 목적의 천도재가 봉행되는 경우가 많다. 즉 일반적으로 행해지는 천도재는 아직 중유 상태에 있는 영가에게는 더 좋은 곳으로 가게 하기 위한 공양이며, 이미 어딘가에 간 영가의 경우에는 그곳에서 평안하기를 바라거나 그곳에서 생을 마칠 때 더 좋은 곳으로 가게 하기 위한 공양인 것이다. 어쨌든 천도재는 먼저 떠난 이에 대한 그리움의 표현이며, 그분을 좋은 곳으로 인도하기 위한, 궁극적으로는 해탈 열반으로 인도하기 위한 따뜻한 사랑의 발로이다.

2. 왜 천도재를 지내는가?

우리는 왜 천도재를 지내는가? 천도재를 지내려면 꽤 많은 비용이 든다. 갖가지 음식도 마련해야 하고, 집전할 스님도 필요하고, 행사를 주관할 사람도 필요하다. 번거로움을 마다하지 않고 천도재를 봉행하는 이유는 그것이 이익이 되는 일이기 때문이다. 그 이익에는 어떤 것이 있을까?

(1) 업장소멸

"호랑이는 죽어서 가죽을 남기고, 사람은 죽어서 이름을 남긴다"라는 말이 있지만, 우리 불교의 입장에서는 "사람은 죽어서 업식業識을 남긴다"라고 말하는 것이 옳다. 우리의 육신이 죽는다 해도 우리가 지어 놓은 업業(행위)과 식識은 다음 생애로 이어지는 것이다. 업장業障은 장애가 되는 업으로서 행복한 길을 가는 것을 방해한다.

《지장보살본원경地藏菩薩本願經》에서는 지장보살은 산 목숨을 죽이는 자를 만나면 숙세에 재앙이 있고 수명이 짧은 과보가 따르는 것을 말해 주고, 도둑질하는 자를 만나면 빈궁하고 고초 받는 과보를 말해 주며, 사음하는 자를 만나면 참새나 비둘기나 원앙새의 과보를 받는 것을 말해 준다고 한다.■ 그러나 이렇게 경고하고 있지만, 사람들이 죄업을 전혀 짓지 않고 살기는 쉽지 않다. 그렇게 업장이 두터운 영가들을 위하여 지장보살이나 아미타불의 명호를 정성껏 불러 주면 죄업이 소멸된다고 한다.

천도재는 영가를 위하여 정성껏 공양을 올리는 것뿐 아니라 염불을 통해 영가의 업장을 소멸시키는 것도 중요한 목적으로 삼는다. 물론 잠깐 동안의 염불과 공양으로 영가 평생의 죄업이 소멸되는 것은 쉽지 않을 것이다. 그러나 남아 있는 사람으로선 경전 말씀을 믿고 최선을 다하는 것이 도리이다.

■ 《地藏菩薩本願經》卷1(T13.781c1-3) : "地藏菩薩若遇殺生者 說宿殃短命報 若遇竊盜者 說貧窮苦楚報 若遇邪婬者 說雀鴿鴛鴦報."

왕생가

천도재 음악 악보집

(2) 영가 천도

천도재라는 이름에 걸맞게 '영가 천도'가 천도재를 봉행하는 가장 중요한 이유이다. 혹자는 누구나 자신의 업대로 다음 세상에 나는 것이지 살아서 지은 죄업을 어떻게 소멸할 수 있겠느냐고 반문할 수 있다. 부처님께서 천도재보다는 본인 스스로 선업을 쌓는 것이 중요하다고 말씀하셨기 때문이다. 그러나 시간을 되돌릴 수는 없다. 생전에 선업을 쌓았다면 좋겠지만, 그러지 못했다면 자손의 입장에서 영가의 이름으로 좋은 업을 짓는다면 수승한 일이 될 것이다.

살아생전에도 그렇지만 중유의 시기에도 가장 중요한 것은 영가 스스로의 의지이다. 스스로 좋은 마음을 가지고 정토淨土에 가고자 하는 마음을 가졌을 때 좋은 결과를 얻을 수 있다는 것이다. 때로는 영가가 자신이 어떤 상황인지를 모를 수도 있으며, 갑자기 세상을 떠났을 때는 자신이 죽었는지조차 모를 수 있다. 이때 천도재는 영가에게 현 상황을 말해 주고, 이승에 대한 미련을 버리고 더 좋은 세상으로 갈 수 있는 마음을 갖게 하며, 나아가 육도윤회를 벗어나기 위해 부처님 가르침을 받아들이도록 해 준다.

(3) 살아 있는 사람들의 행복한 삶

《지장보살본원경》에서 대변장자가 지장보살에게 권속들이 공덕을 닦아 주거나 재를 베풀어 주면 죽은 사람이 그 이익을 얻고 해탈할 수 있는지 물어보자, 지장보살님은 이렇게 말씀하신다.

"혹 어떤 남자나 여인이 생전에 선한 일을 닦지 아니하고 여러 가지 죄만 많이 지었더라도, 목숨이 마친 뒤에 그의 멀고 가까운 권속들이 그를 위하여 복을 닦아 주면 그 모든 거룩한 공덕의 7분의 1을 망인이 얻으며 나머지 7분의 6의 공덕은 산 사람 스스로의 차지가 됩니다."▪

▪《地藏菩薩本願經》卷2(T13,784b8-11) : "若有男子女人 在生不修善因 多造眾罪 命終之後 眷屬小大為造福利一切聖事 七分之中 而乃獲一 六分功德 生者自利."

이 말씀은 무슨 뜻일까? 이 가르침 속에 천도재의 중요한 의미가 들어 있다. 천도재의 기본 목표는 분명 영가 천도이다. 그러나 영가 천도를 위해 영가에게 부처님 말씀을 전하고 염불해 주다 보면 영가보다도 염불하는 이가 더 큰 공덕을 짓게 된다. 왜일까? 영가에게 공덕이 된다 해도, 이미 목숨을 다한 몸으로 온갖 업을 지은 뒤라서 영가의 입장에서는 그 업을 되돌릴 수 없는 것이다. 다만 영가는 새 세상으로 가는 데 도움을 얻을 뿐이다. 그런데 살아 있는 사람의 입장에서는 복을 지을뿐더러 부처님 가르침을 읽어 드림으로써 자신도 그 가르침을 알게 되어 그것을 실천하게 된다면, 본인은 살아생전에 선업을 쌓거나 부처님 가르침대로 실천하여 과위果位를 얻을 수도 있다. 그런 면에서 천도재의 공덕은 사실상 살아 있는 사람이 더 크게 받게 되어 있다고 하는 것이다.

3. 천도재의 기원과 개략적 역사

(1) 천도재의 기원 — 수행자를 위한 공양

초기 불교 경전을 보면 애초에 부처님께서는 사후에 영가를 좋은 곳으로 인도하는 조령제祖靈祭의 효력을 오히려 부정하셨음을 알 수 있다. 《상윳따 니까야》의 〈아시반다까뿟따경Asibandhakaputtāsutta〉(S42.6)■에서 부처님께서는 이렇게 말씀하신다.
"어떤 사람이 생명을 죽이고, 주지 않은 것을 가지고, 삿된 음행을 하고, 거짓말을 하고, 중상모략을 하고, 욕설을 하고, 잡담을 하고, 간탐하고, 마음이 악의로 가득 차 있고, 그릇된 견해를 가지고 있다면, 수많은 군중이 그에게로 모여들어 기도를 올리고 찬미가를 암송하고 합장한 채 그의 주위를 돌며 예배하면서 '이 사람이 좋은 곳, 천상

■《잡아함경》의 〈가미니경〉(T1.439c)에도 같은 내용이 나온다.

에 나게 하소서'라고 한다 해도, 그는 그로 인해 좋은 곳, 천상에 태어날 수 없다."■
그러나 부처님은 어떤 사람이 생명을 죽이는 것을 멀리 여의고, 주지 않은 것을 가지지 않고, 삿된 음행을 멀리 여의고, 거짓말을 멀리 여의고, 중상모략을 하지 않으며, 욕설을 하지 않고, 잡담하지 않고, 간탐하지 않고, 마음에 악의가 없고, 바른 견해를 가지고 있다면 천상에 날 수 있다고 말씀하신다. 이는 제식祭式 행위만으로 천상에 가는 것은 불가능하고, 계행을 지킴으로써 천상에 갈 수 있음을 말해 준다. 이 가르침은 제식 행위가 무조건 필요 없다고 말씀하신 것이라기보다는 마음껏 나쁜 업을 지어 놓고 제식 행위로 지우려는 태도를 비판한 것이라 할 수 있다.

《상윳따 니까야》의 〈브라흐마데와경Brahmadevāsutta〉(S6.3)■■에서 바라문 여인의 아들 브라흐마데와는 부처님께 출가하여 아라한이 되었다. 그런데 브라흐마데와의 어머니는 천상에 가기를 기원하며 늘 범천에게 제사를 지내고 있었다. 그때 사함빠띠 범천은 브라흐마데와의 어머니에게 게송으로 가르친다. 그 게송의 내용은 범천에게 제사 지내지 말고, 진정으로 공양 받아 마땅한 비구인 브라흐마데와에게 공양하여 공덕 짓고 행복한 미래를 맞이하라는 것이다. 결국 제식 행위보다 중요한 것은 훌륭한 수행자에게 공양하는 것임을 강조한 대목이다.

이렇게 수행자에게 공양하는 것이 천도재의 기원이 되었다. 수행자에게 공양하는 천도재의 기원을 더욱 분명하게 보여 주는 경전은 대승불교 경전인 《우란분경盂蘭盆經》 (T16.779a)이다. 목련존자는 신통력으로 어머니의 내생을 살펴본 결과 어머니가 아귀 세상에서 굶주림과 목이 타는 고통에 시달리고 있음을 알았다. 존자는 너무도 안타까워 신통으로 발우를 던져 어머니에게 음식을 제공했지만, 어머니가 음식을 받아 입에 넣으려는 순간 음식이 뜨거운 불로 변하고 말았다. 이에 존자는 부처님께 해법을 구하였다. 부처님께서는 우안거가 끝나는 자자일에 대중 스님들이 모였을 때 대중공양을 올리라고 권한다. 목련존자는 부처님의 말씀대로 칠월 보름날 스님들에게 대중공양을 베풂으로써 어머니를 구제했다. 목련존자의 대중공양이 기원이 되어 칠월 보름이면 수행자들에게 공양을 올리고 조상들을 위해 시식施食을 베푸는 행사가 생겼다.

■ 각묵 스님 옮김, 《상윳따 니까야》 4, 초기불전연구원, 2009, 618~619쪽 ; PTS본 S.IV, 312쪽.
■■ 《잡아함경》의 〈정천경〉(T2.27b)에도 같은 내용이 나온다.

한편 초기 경전에 이미 조상들을 위해 직접 음식을 공양하는 것이 공덕이 된다는 내용도 등장한다.《앙굿따라 니까야》의 〈자눗소니경Jāṇussoṇisutta〉(A10.177)과 《잡아함경》의 〈생문범지경〉(T2.272b)에는 죽은 조상 중에 아귀의 세계로 간 이가 있다면, 그는 후손이 공양하는 제사 음식을 먹을 수 있지만, 다른 세계에 태어난 이는 직접 먹을 수는 없다고 나온다. 또한 경에 따르면 조상 중에 누군가는 반드시 아귀의 세계에 있어서 보시의 결실은 반드시 있게 마련이다. 이처럼 초기 경에 이미 음식으로 제사를 지내는 것이 유용하다고 부처님께서 말씀하셨던 것이다.

(2) 독경을 통한 제례

오늘날 천도재는 시식과 독경이 함께 어우러진다. 시식은 유교식 제사에서도 이루어진다고 볼 때, 불교의 천도재에서 특징적일 뿐 아니라 더욱 중요한 것은 독경 염불일 것이다. 정성껏 마련한 음식과 함께 부처님의 말씀과 진리를 영가를 위해 열심히 읽어 주는 것이 천도재의 본령인 것이다. 음식을 제공하는 것이 재보시財布施라면, 경을 읽는 것은 법보시法布施에 해당한다.

《숫따니빠따》의 주석서에 이미 독경 염불을 통한 천도의 예가 있다. 바이샬리에 역병이 들고 악귀가 창궐할 때였다. 부처님께서는 제자들을 모아 놓고 〈보배경ratana sutta 寶貝經〉을 읽도록 한다. 그 이후 역병도 사라지고 악귀도 물러났다고 한다.■ 여기서 주목할 것은 악귀도 물러났다는 점이다. 악귀란 천도되지 못한 중음신에 해당한다. 악귀가 물러났다는 것은 천도되지 못한 중음신들이 세상에 대한 미련을 버렸음을 말하는 것으로, 〈보배경〉을 읽은 것은 염불 독경을 통한 천도 의식에 해당한다고 할 수 있는 것이다.

이러한 예는 대승경전에서도 기원을 찾을 수 있는데, 예를 들면 《불설관정수원왕생시방정토경佛說灌頂隨願往生十方淨土經》(T21.528c)이 그것이다.

"임종을 당하거나 임종을 당하지 않은 사람이라도 향을 사르고 등불을 켜고 탑이나

■ pts본 Suttanipāta-aṭṭhakathā(SNA), i, 278쪽.

사찰에 번을 세우고 21일 동안 부처님 경을 외우면, 목숨이 끊어진 후 중음 중에 있어 마치 어린아이처럼 죄와 복이 결정되지 않았을 때 응당 복 닦음이 될 것이니, 망자가 무량한 부처님 국토에 나기를 원하면, 이 공덕으로 그리 될 것이다."[*]

《범망경梵網經》에서는 "부모와 형제, 스승의 사망일이거나 21일 또는 49일 동안 대승 율장이나 경장을 독송·강설하여 복을 구하고 미래의 생을 다스릴 것"[**]이라 하고 있으며, "부모 형제의 사망일에 법사를 청하여 《보살계경菩薩戒經》을 강의하게 하면 망자에게 복이 되고 그로 하여금 부처님을 뵙고 인간이나 천상에 나게 할 것"[***]이라고 말씀하신다.

나아가 《지장보살본원경》이나 《아미타경》 등에서는 독경뿐 아니라 불보살님 명호를 부르는 것만으로도 조상 영가를 천도할 수 있다고 말씀하신다. 그만큼 천도의 방법이 다양해진 것이다.

(3) 천도재의 개략적인 역사

천도재薦度齋는 고대 인도의 조령제祖靈祭를 불교에서 수용한 데서 비롯되었다.[****] 불교에서는 중유中有의 존재는 냄새를 맡음으로써 음식을 섭취한다고 본다. 중국 불교에서는 굶주린 아귀에게 음식을 베푸는 법회라 하여, 이를 '시아귀회施餓鬼會'라고 불렀다. 우리나라에서는 신라시대부터 망자를 위해 재를 올린 기록이 등장하며, 고려시대 이후 왕실과 지배층을 중심으로 사십구재四十九齋인 칠칠재七七齋에서부터 기재忌齋에 이르기까지 상례喪禮·제례祭禮 기간에 다양한 천도재가 활발하게 치러졌다.

---

[*] 《佛說灌頂經》卷11(T21,529c18-23): "若人臨終未終之日 當為燒香然燈續明 於塔寺中表刹之上 懸命過幡 轉讀尊經竟三七日 所以然者命終之人 在中陰中身如小兒 罪福未定應為修福 願亡者神使生十方無量剎土 承此功德必得往生."

[**] 《梵網經》卷2(T24,1008b11-14): "父母兄弟和上阿闍梨亡滅之日 及三七日乃至七七日 亦應讀誦講說大乘經律 齋會求福行來治生."

[***] 《梵網經》卷2(T24,1006b16-18): "若父母兄弟死亡之日 應請法師講菩薩戒經福資亡者 得見諸佛生人天上."

[****] 부처님께서는 조령제만으로 영가를 천도하려고 하는 태도를 비판하셨지만, 《앙굿따라 니까야》의 〈자눗소니경〉(A10,177)을 보면 불자들 사이에서 조령제가 행해졌음을 알 수 있다.

고려시대인 970년(광종 21년)에 수륙재^{水陸齋}를 행한 기록과 1106년(예종 원년)에 우란분재^{盂蘭盆齋}를 행한 기록이 처음 등장하는데, 당시 시왕신앙^{十王信仰}이 성행한 점으로 미루어 생전예수재^{生前預修齋} 또한 고려시대에 행해진 것으로 추정된다. 고려 중반까지는 망자를 위한 불교 의례를 주로 '추천^{追薦}'이라 불렀다. '천도^{薦度}'라는 용어는 고려 말에 처음 등장하였다.

조선시대에는 관혼상제를 비롯한 모든 생활규범이 유교적 질서로 대체되었지만, 사후구제를 제시하는 천도재가 유교의 상례·제례와 더불어 나란히 존속했다. 1420년(세종 2년)부터 불교식 상제^{喪祭}에 해당하는 모든 천도재를 수륙재로 치르도록 하는 등 여러 변화를 거치면서도 천도재는 조선시대 내내 성행하였다. 18세기 이후 기존의 문헌들을 간추려 펴낸《범음집^{梵音集}》《작법귀감^{作法龜鑑}》등의 의식집 내용이 천도재 중심으로 구성되어 있다는 점도 이러한 경향을 말해 준다.

현대 한국에서는 천도재 위주로 운영되는 사찰이 많아졌다. 한국인의 종교 관념은 조상신을 섬기는 유교가 뿌리 깊이 박혀 있는바, 절에 다니지 않더라도 사십구재나 천도재는 지내는 경우가 많기 때문이다. 그러면서 현대인의 생활에 맞게 간소화된 경우도 있지만, 서구화된 현대인의 사고방식으로는 불교 사찰의 천도 의식이 낯선 것이 사실이다.

4. 천도재의 종류

오늘날 사찰에서 자주 봉행되는 천도재로는 사십구재, 기재, 우란분재, 특별 천도재 등이 있다. 사십구재는 죽은 뒤 다음 몸을 받기까지 49일 동안 지내는 재 또는 49일째에 지내는 재를 말하며, 보통 칠 일 만에 한 번씩 일곱 번의 재를 지낸다. 그래서 사십구재를 칠칠재라고도 하며, 칠칠재 중 마지막에 지내는 재는 막재라고 한다.

기재는 매년 영가가 세상을 떠난 날에 맞추어 지내는 천도재를 말한다. 기재는 사십구재에 비해 훨씬 간단하게 치르는 것이 보통이다

때로는 죽은 지 49일을 넘어 오랜 시간이 흐른 후에도 사십구재의 막재 형식으로 재를 지내기도 한다. 보통 후손들이 영가 천도가 제대로 이루어지지 않았다고 여겨질

왕생가
●
천도재 음악 악보집

때 이 특별 천도재를 봉행한다.

오늘날 여러 사찰에서는 백중49일기도를 봉행하기도 하는데, 이는 사십구재의 응용이라고 할 수 있다. 백중49일기도의 막재는 우란분재이기도 하다. 목련존자의 어머니 천도에 기원을 둔 우란분재는 오늘날 한국 불교의 사찰에서 부처님오신날에 버금가는 중요한 행사로 자리 잡아 가고 있다.

천도재는 또 그 성격에 따라 수륙재水陸齋 · 영산재靈山齋 · 생전예수재生前豫修齋 등으로 구분할 수 있는데, 수륙재는 인간만이 아니라 모든 생명체를 위한 무차평등無遮平等의 천도재이며, 영산재는 석가모니부처님께서 영취산에서 설법하던 당시 법회의 환희를 재현하여 치르는 대규모 천도재이고, 생전예수재는 살아 있는 동안 내세를 위해 생전에 미리 올려 공덕을 쌓는 천도재이다.

(1) 수륙재

글자 그대로 물속과 육상의 고혼을 위한 천도재이지만, 원래의 의미는 자손들에게 잊혀지고 의지할 데 없어 들이나 육지에 사는 고혼, 아귀 같은 혼령, 무주고혼들의 영가와 태아 영가들을 위한 천도재를 이른다. 즉 객귀客鬼들을 달래어 천도하는 재이다. 수륙무차평등재의水陸無遮平等齋儀를 줄여서 수륙재라고 하며, 요즘은 유주무주 고혼 영가들을 모두 천도한다는 의미로 수륙재를 지낸다. 규모가 큰 수륙재는 먼저 절에서 영산재를 지내고 나중에 강이나 바다로 나가서 행하나, 지금은 처음부터 강이나 바다에 배를 띄우고 수륙재만 거행하는 것이 상례로 되어 있다.

(2) 영산재

규모가 가장 큰 재로 그 목적은 대체로 국가의 안녕과 국운 융창 또는 국가적 행사 및 단체를 위해서, 또는 순국선열殉國先烈이나 호국 영령護國英靈들을 위해서 행하여진다.

영산재의 유래는 영취산에서 행해진 부처님의 설법 모임이다. 법회를 할 때 모였던 모든 대중들이 '법화경'을 설하시는 말씀에 크나큰 환희심을 가졌으며 하늘에서는 꽃비(만다라)가 내렸다고 한다. 또한 시방의 제석천왕과 많은 보살, 신중들이 운집하여 부처님의 설법을 듣고 감동하였으며, 하늘나라의 동자들과 여인들까지 내려와 꽃과 향, 가무와 기악으로 부처님께 기쁨의 공양을 올렸다고 한다. 이렇게 장엄했던 영산회상靈山會上을 오늘날 재구성하여 봉행한다는 내용을 지닌 재이다.

영산재는 옛날에는 사흘씩 걸리는 재로 절차 또한 복잡했다. 그러나 요즈음은 모든 의식 순서를 간략하게 줄여서 하루 만에 영산재를 지내기도 한다. 서울 신촌의 봉원사에서는 매년 단오절에 대한민국중요무형문화재 제50호 봉원사 영산재 보존회의 주최로 영산재를 봉행하고 있다. 이 영산재는 2009년 유네스코 인류무형문화유산으로 등재되었다.

(3) 생전예수재

천도재 문화가 발달하다 보니 우리나라에는 독특한 천도재가 성행하고 있다. 바로 죽기 전에 미리 천도재를 지내는 것이니, 그것이 바로 생전예수재이다. 생전에 미리 명부시왕冥府十王에게 복을 많이 쌓음으로써 죽어서 명부의 시왕을 만나면 극락에 갈 수 있는 심판을 받을 수 있도록 하자는 신앙적 근거에서 나온 것이다.

즉 사람은 누구나 자신의 생년월일에 따라 저마다 살아 있을 때 갚아야 할 빚을 지고 있고, 이를 예수재를 통하여 갚는다는 것이다. 여기서 빚이란 불교 경전을 읽어야 할 빚과 돈 빚이다. 이 빚을 갚기 위해서는 경전을 읽고 보시를 하여야 한다. 경전을 읽는 것은 예수재를 올리는 것으로 가능해지고, 보시는 종이로 만든 지전紙錢을 현금을 내고 사는 방법을 취한다. 그리고 이 지전을 시왕전에 헌납하면 된다.

이렇게 하여 생전에 예수재를 올린 사람은 누구나 다 죽은 다음 극락세계에 왕생할 수 있다는 것이다. 대체로 이 의식은 노인들을 대상으로 오늘날의 사찰 내에서 많이 행하여지고 있다.

이 예수재는 어느 개인의 발원에 의하여 행하는 것이 아니라 여러 사람이 동참하여 행하는 공동체적인 종교 행사이다. 이 의식의 진행 중에는 범패와 의식무가 장중하게 펼쳐질 뿐 아니라 의식 도량의 장엄도 극치를 이루게 되는데, 이때는 축제 분위기를 띤다.

5. 천도재의 의례 구조

옛날에는 천도재를 대단히 중시하여 의식 절차가 매우 복잡하였다. 그러나 오늘날에는 현대인의 의식에 맞게 간소화되었다. 옛날에는 천도재에 바라춤을 추는 등 범패 의식이 함께하였지만, 오늘날에는 특별히 큰 재가 아니면 스님들이 목탁과 요령을 법구로 하여 염불하고, 음식 공양을 정성껏 올리는 것으로 간소화하였다.

천도재는 의례의 규모나 성격에 따라 다양하게 치러지지만, 기본적인 의례 구조는 유사하다. 가장 간략한 구도를 살펴보면, 천도재의 대상을 의례 공간으로 청해 모시고, 생전에 지은 업을 씻는 정화 의식을 거친 다음, 불보살님 앞으로 나아가 공양과 불공을 올리며, 영가에게 시식施食하고 다시 돌려보냄으로써 의례를 마친다. 이때 극락천도를 위해 불보살님에게 올리는 기원도 중요하지만, 더욱 중요한 것은 영가를 향해 끊임없이 법문을 들려줌으로써 미혹한 마음을 깨우칠 수 있도록 이끌어 주는 것이다. 한국 사찰의 천도재에는 유교 제사의 음식 공양과 불교의 가르침을 전하는 법공양法供養이 결합되어 있다. 이처럼 민간의 제사를 재에 접목했기 때문에, 망혼을 모신 영단 앞에서 치르는 시식의 단계는 제사와 거의 흡사하다. 그러나 불교의 재齋는 제사와 뚜렷이 구분되는 다음과 같은 특성을 지니고 있다.

첫째, 재齋는 불佛·법法·승僧이라는 삼보三寶의 범주 속에서 이루어진다. 불보살[佛]을 모시고 승려[僧]의 집전과 불법[法]의 염송으로 의식을 치르므로, 영단 앞에서 유족이 올리는 의식은 일반 제사와 다를 바 없으나 승려의 염송 내용이 곧 제사의 의미를 규정하는 텍스트의 구실을 한다. 둘째, 제사의 의미가 고인에 대한 추모와 효의 실천이라면, 재는 이에 더하여 영가를 더욱 좋은 내세로 인도하기 위한 천도의 의미를 지닌다. 천도의 방식은 불보살의 가피加被를 기원함과 동시에 망자에게 부처님의 가르침을 들려줌으로써 스스로 깨우침을 얻도록 하는 불교 특유의 관점을 취하고 있다. 셋째, 개인을 위한 천도재라 하더라도 천도되지 못한 채 떠도는 모든 고혼孤魂과 지옥 중생을 함께 의례 대상으로 삼는다. 이는 불교에서 중시하는 회향廻向의 실천으로, 대승적 차원에서 자신이 지은 선행의 공덕을 중생을 위해 돌리는 것이다. 넷째, 삼차림에서 육류·어류와 술을 사용하지 않는다. 이는 곧 불교 재물齋物과 일반 제물祭物의 기본적인 차이점이기도 하다.

왕생가
•
천도재 음악 악보집

왕생가

천도재 음악 악보집

오늘날 일반적으로 행해지는 사십구재의 순서를 토대로 천도재의 의례 구조를 살펴보자.

(1) 대령對靈

큰 규모의 재는 도량 입구에서 영가를 맞이하여 인도하는 시련侍輦부터 시작하지만, 오늘날 대부분의 사찰에서는 법당에서 영가를 청하는 대령 의식으로부터 시작한다. 대령은 천도의 대상이 되는 영가를 청하여 간단하게 공양을 제공하고 법문을 하여 영가를 위로하고 안심시켜서 계속적으로 진행될 천도 절차에 따르도록 하는 주문 의식이다. 영가를 인도할 인로왕보살님을 청해 모시는 한편 영가를 청하는 수설대회소로부터 시작하여 영가의 의식을 맑히는 관욕을 준비하는 절차이다.

(2) 관욕灌浴

영가의 업식을 깨끗이 맑힌다는 의미에서 진행하는 목욕 의식이다.
영단 옆에 관욕단을 차리고 그 단을 병풍으로 가린다. 가린 병풍 속에는 작은 상 위에 촛불을 켜고 향로와 영가의 위패, 종이로 접은 영가의 바지저고리 그리고 옷을 한 벌 놓는다. 맑은 물을 깨끗한 대야에 담아 놓고 기왓장이나 벽돌을 그 옆에 하나 둔다. 맑은 물에는 좋은 향을 담가 놓는다. 향내가 나는 물에 영가가 목욕을 하라는 뜻이다. 법주가 관욕 의식의 염불을 하는 중에 화의재진언化依財眞言을 염송하는 대목에 이르면 바라제 스님은 병풍으로 가려 놓은 뒤에서 종이로 접은 종이옷을 태운다. 종이옷을 태울 때 대야 옆에 기왓장을 놓고 그 기왓장 위에서 태우는데 탄 재가 대야 속 물 위에 떨어지도록 한다.■

■ 효림,《사십구재》, 조계종출판사, 2009, 53쪽

(3) 상단불공 上壇佛供

관욕이 끝나면 상단불공을 한다. 상단이란 부처님을 모신 단을 이르는 말로 상단불공이란 영가에게 재 공양을 올리기 전에 먼저 부처님의 가피가 영가에게 내리기를 기원하는 불공 의식이다. 이 불공 의식은 평소 부처님에게 하는 불공 법식과 별반 다를 것이 없지만, 다만 아미타불이나 지장보살님께 불공을 올린다는 것과 축원을 할 때 영가의 극락왕생을 기원하는 내용을 담는다는 것이 특징이다.

(4) 영가 법문 靈駕法門

이렇게 상단불공이 끝나면 큰스님을 청하여 영가 법문을 듣는다. 대개의 사찰에서는 영가 법문을 생략하기도 하고, 의식을 집행하는 법주가 간략하게 사십구재에 대한 의미를 설명하는 것으로 대신하기도 한다. 무명에 빠진 영가가 홀연히 한 생각 돌이켜 보리심을 내어서 번뇌를 끊고 해탈을 이루라는 가르침을 전한다. 영가가 살아생전 자신의 육신이 자신의 전부인 것으로 생각하다가 이제 그 귀중하게 생각하던 육신을 잃어버리고 중음의 신세가 되어 떠돌 때, 큰스님의 활구법문을 듣고 한 생각 마음의 문이 열린다면 그보다 더 좋은 사십구재 공양은 없을 것이다.

(5) 신중단퇴공 神衆壇退供

상단불공과 영가 법문이 끝나면 신중단퇴공을 한다. 신중단퇴공이란 상단에 올렸던 공양물을 신중들에게 회향한다는 의미다. 천도재 때는 긴 의식을 간소화하기 위하여 신중님들에게 반야심경을 들려 드리는 것으로 줄이는 경우가 많다.

(6) 시식施食

시식은 글자 그대로 음식을 공양하는 것이다. 아울러 시식은 영가를 위하여 부처님의 바른 가르침을 일러 주어 해탈하게 하는 것을 목적으로 한다. 스님을 상대로 할 경우에는 영반靈飯이라 한다.

시식의 종류에는 전시식奠施食 · 관음시식觀音施食 · 화엄시식華嚴施食 · 구병시식救病施食 등이 있고, 영반에는 상용영반常用靈飯과 종사영반宗師靈飯이 있다.

관음시식은 관음 신앙의 힘으로 영가를 교화하는 시식이다. 수륙재나 영산재 또는 점안 후 법당 혹은 큰방 안에서는 상단시식인 관음시식을 한다. 전시식은 죄업장이 두터워 법당에 들어오지 못하는 영가를 위하여 하는 시식으로, 마당 또는 누각 아래에 병풍을 친 다음 진행한다. 화엄시식은 화엄 신앙을 바탕으로 영가를 교화하는 시식이다. 구병시식은 병이 난 재자가 선망부모 또는 일체 고혼에게 치병治病을 위하여 지내는 제사이다. 상용영반은 스님을 상대로 한 시식이 아니라 간략하게 줄여서 만든 시식이다. 종사영반은 도가 높은 스님을 기리는 시식이다.

(7) 봉송奉送

부처님의 공덕을 빌려 극락세계로 가는 영가를 환송하는 의식이다. 재주가 되는 상주에게 영가의 위패와 사진 등을 들게 하고 상단의 부처님을 향하여 선다. 그러면 법주스님은 먼저 부처님을 향해 봉송게奉送偈를 염불하고 법성게法性偈를 읽으면서 법당을 돌고 이어 밖으로 나간다. 그리고 소각단에 가서 영가의 위패와 옷가지 등을 태운다. 이것으로 모든 재 의식은 마무리된다.

6. 천도재, 어디로 갈 것인가?

최근 도심 사찰의 천도재 횟수는 갈수록 늘어나는 추세이다. 대표적인 도심 사찰인

서울 송파구의 불광사를 예로 들어 보자. 설날합동차례, 정초7일천도기도, 백중49일 기도(칠칠재 형식), 추석합동차례가 매년 정기적으로 진행되며, 음력 매월 열여드레에는 지장재일 합동천도재가 봉행된다. 합동천도재만 해도 매년 24회가 정기적으로 봉행되는 셈이다. 매년 설날합동차례와 추석합동차례는 약 10% 정도씩 증가하는 추세라고 한다. 개인이 신청해서 진행되는 칠칠재, 기재, 특별 천도재까지 합하면 매일 3회 정도는 천도재가 봉행된다.

이러한 상황은 현대인들에게 그만큼 천도재가 필요하다는 것을 말해 준다. 과거 농경사회에서는 큰집에 모여서 제사를 지내기가 수월했지만, 지금의 가옥 구조와 생활 환경 속에서는 가정에서 제사를 지내는 것이 쉽지 않다. 그런 환경 속에서 사찰에서 재를 지내거나 합동으로 차례를 지내는 것이 필요한 것이다.

집안에서 제사를 지낼 때는 대부분 지방을 쓰고 축문을 읽으면서 유교식 제사를 지낸다. 그리고 술과 고기를 놓는다. 그러나 사찰에서 재를 지낼 때는 위패를 모시고 염불을 한다. 살생을 통해 얻은 음식이 아닌 정갈한 음식만을 공양한다. 사찰의 천도재가 늘어난다는 것은 우리의 제례 문화가 바뀌고 있음을 말해 준다.

사찰의 천도재는 집안 식구들만 모이는 것이 아니다. 종무원과 신도들이 함께하며, 합동천도재의 경우는 신도들뿐 아니라 조상을 모시는 신도 아닌 이들까지 함께한다. 곧 오늘날 사찰의 천도재가 새로운 공동체 문화를 만들어 내고 있음이다. 이제 사찰의 천도재를 통해 흩어졌던 가족이 모일 수 있고, 제사 때문에 아웅다웅하던 가족 친지들이 화합할 수 있다. 때로는 소원했던 친구들이 천도재를 통해 모일 수도 있다.

모든 천도재는 해당 영가만이 아니라 천도되지 못한 채 떠도는 일체 고혼과 지옥중생을 함께 청하여 구제하는 공덕을 지닌다. 중유 단계에 있는 영가만이 아니라 육도 윤회의 어느 지점에 놓인 모든 중생을 부처님의 자비로써 천도하는 것이다.

그리하여 천도재는 개별 영가들의 천도를 위해서도 유용하지만, 모래알같이 흩어져 살고 있는 수많은 현대인들의 외로운 심성을 위로하는 데도 유용하며, 더욱이 현대인들에게 점점 메말라 가고 있는 공동체 의식을 회복하는 데도 크게 유용할 것이다. 다만 천도재가 현대인들에게는 지나치게 길고 복잡하며, 게다가 어려운 한문으로 이루어져 긴 시간 함께하는 것이 여간 곤혹스러운 것이 아니라는 얘기도 많다. 전통적인 정신을 계승하면서도 현대인들이 쉽게 접할 수 있는 새로운 형식의 천도재가 필요한 시점이다.

⊙ 참고문헌

1. 단행본

구미래,《한국 불교의 일생 의례》, 민족사, 2012.

대한불교조계종 포교연구실,《불교 상제례 안내》, 조계종출판사, 2011.

대한불교조계종 포교연구실,《우란분재》, 조계종출판사, 2013(개정판, 초판은 2009).

이성운,《불교의례 — 그 몸짓의 철학》, 조계종출판사, 2018.

이성운,《한국불교 의례체계 연구》, 운주사, 2014.

효림,《사십구재》, 조계종출판사, 2009.

2. 논문

강명화,〈천도재에 대한 이론과 실제〉, 원광대학교 동양학대학원 석사논문, 2005.

구미래,〈한국불교 천도재의 중층적 위상〉,《역사민속학》28, 역사민속학회, 2008.

김정기(해암),〈영가천도재의 심신 치유에 관한 연구〉, 동국대학교 석사논문, 2018.

노명열,〈현행 생전예수재와 조선시대 생전예수재 비교 고찰 의식 — 절차와 음악을 중심으로〉, 중앙대학교 박사논문, 2010.

박상학,〈사십구재의 현대화 방안 연구〉, 동국대학교 석사논문, 2011.

송위지,〈상좌부 불교에서의 타력 신앙 연구 — 스리랑카의 피릿(pirit) 의식을 중심으로〉,《남아시아 연구》7, 한국외국어대학교 남아시아연구소, 2001.

이응주,〈여말 선초 불교 의례의 축소와 천도재의 역할〉, 서울대학교 석사논문, 1999.

장광수,〈천도재의 근거와 절차에 관한 교학적 검토〉, 동국대학교 석사논문, 2011.

정각,〈불교 제례의 의미와 행법 — 시아귀회를 중심으로〉,《한국불교학》33, 한국불교학회, 2002.

최운종,〈조선 전기 생전예수재 연구〉, 동국대학교 석사논문, 2018.

홍구,〈사십구재의 현대화 방안 연구〉, 동국대학교 불교문화대학원 석사논문, 2007.

往生歌

천도재 음악 악보집

⊙ 순서

1. 수설대회소 노래
수설대회소修設大會疏는 천도 법회를 열게 된
인연을 부처님과 염라전에 고하는 의식이다.

2. 고혼청 노래
고혼청孤魂請은 돌아가신 분을 초청하는
중요한 의식이다.

3. 관욕과 착의 노래
관욕灌浴과 착의着衣는 영가靈駕를 모셔다
목욕시키고 새 옷을 입히는 의식이다.

4. 착어 노래
착어着語는 천도재에서 모든 법문의 요체를
함축적으로 영가에게 설하는 의식이다.

5. 신묘장구대다라니 노래
신묘장구대다라니는 비밀스런 주문인데,
부처님의 모든 공덕과 지혜가 담긴
비밀 주문이라서 총지總持라고도 한다.

6. 잔칫상 노래
잔칫상 노래는 영가님께 공양을 올리고
잔치를 벌이는 노래다.

7. 보공양진언의 노래

보공양진언普供養眞言은 영가가 받은 공양을 두루
회향하도록 이끄는 의식이며 주문이다.

8. 장엄염불 노래

장엄염불莊嚴念佛은 서방극락세계의 아미타불을
찬탄하면서 반야용선을 타고 고해의 바다를 건너
저 열반의 언덕으로 가는 염불이다.

9. 마지막 위로의 노래

마지막 위로의 노래는 영가가 남은 이들을
위로하는 노래다.

10. 봉송의 노래

봉송奉送은 재가 끝나 위패를 사르며 영가님을
극락세계로 보내 드리는 의식이다.

11. 종사영반 노래

종사영반宗師靈飯은 덕 높으신 스님네가
열반했을 때 지내는 천도재 의식이다.

왕생가

1. 수설대회소 노래

Score

향적 스님 작사
동민호 작곡

수설대회소修設大會疏는 천도 법회를 열게 된
인연을 부처님과 염라전에 고하는 의식이다.

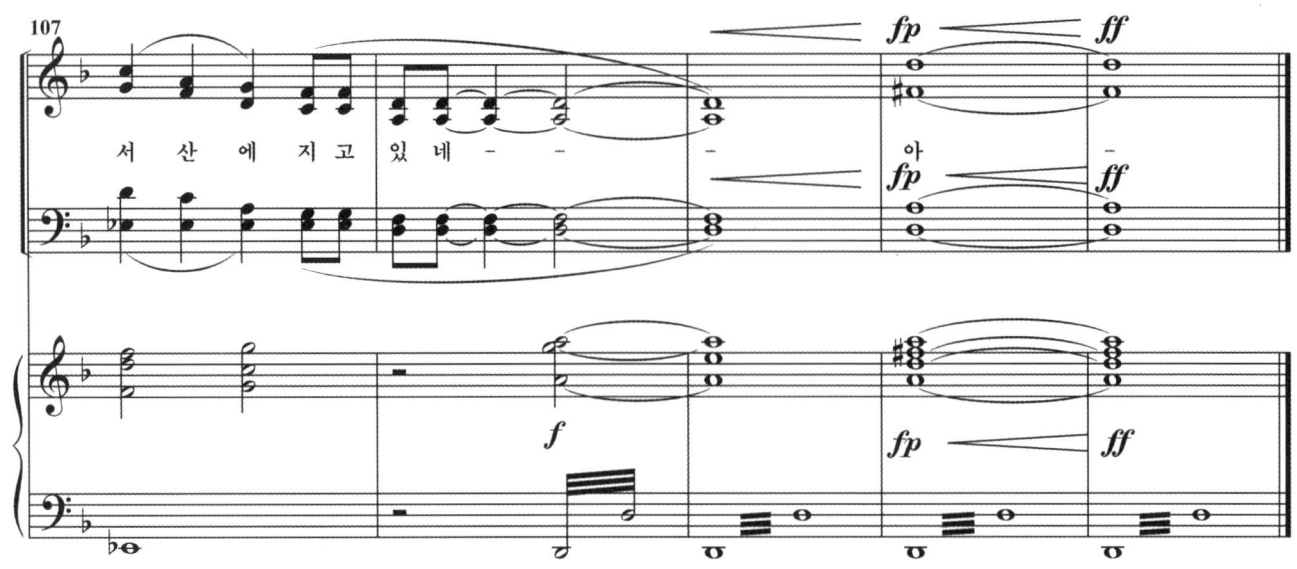

2. 고혼청 노래

Score

향적 스님 작사
유태진 작곡

고혼청孤魂請은
돌아가신 분을 초청하는 중요한 의식이다.

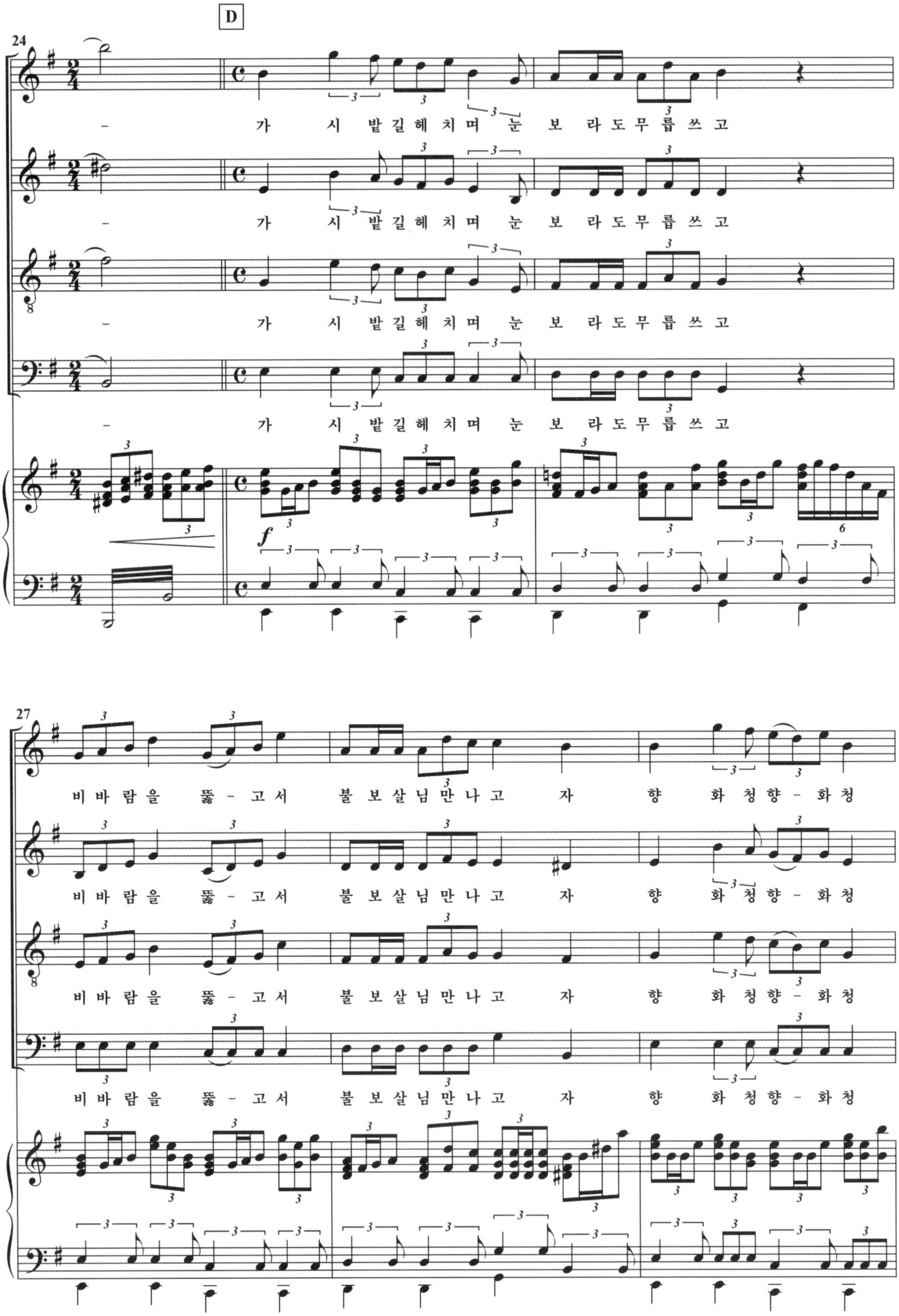
D
24
- 가 시 밭 길 헤 치 며 눈 보 라 도 무 릅 쓰 고
- 가 시 밭 길 헤 치 며 눈 보 라 도 무 릅 쓰 고
- 가 시 밭 길 헤 치 며 눈 보 라 도 무 릅 쓰 고
- 가 시 밭 길 헤 치 며 눈 보 라 도 무 릅 쓰 고
27
비 바 람 을 뚫 - 고 서 불 보 살 님 만 나 고 자 향 화 청 향 - 화 청
비 바 람 을 뚫 - 고 서 불 보 살 님 만 나 고 자 향 화 청 향 - 화 청
비 바 람 을 뚫 - 고 서 불 보 살 님 만 나 고 자 향 화 청 향 - 화 청
비 바 람 을 뚫 - 고 서 불 보 살 님 만 나 고 자 향 화 청 향 - 화 청

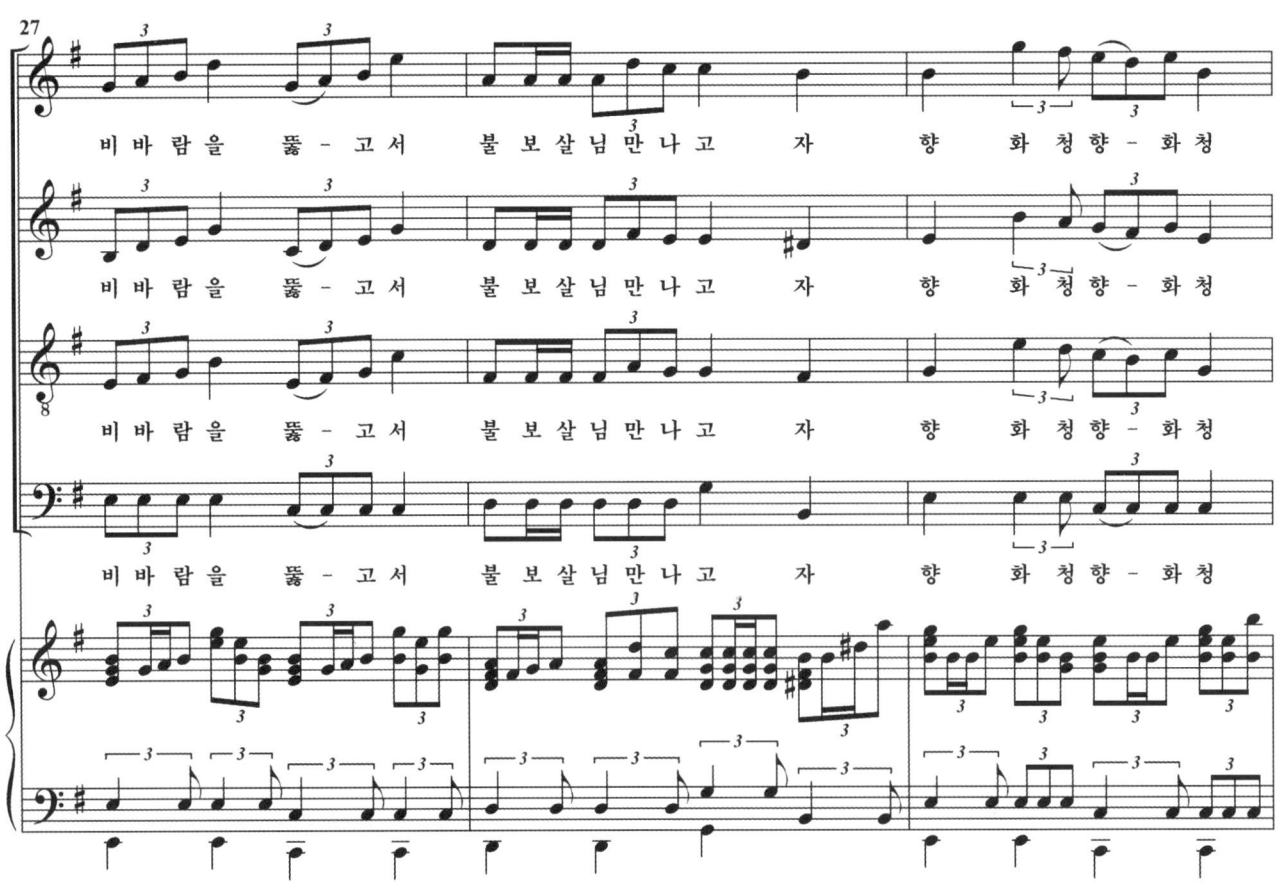

3. 관욕과 착의 노래

Score

향적 스님 작사
김강곤 작곡

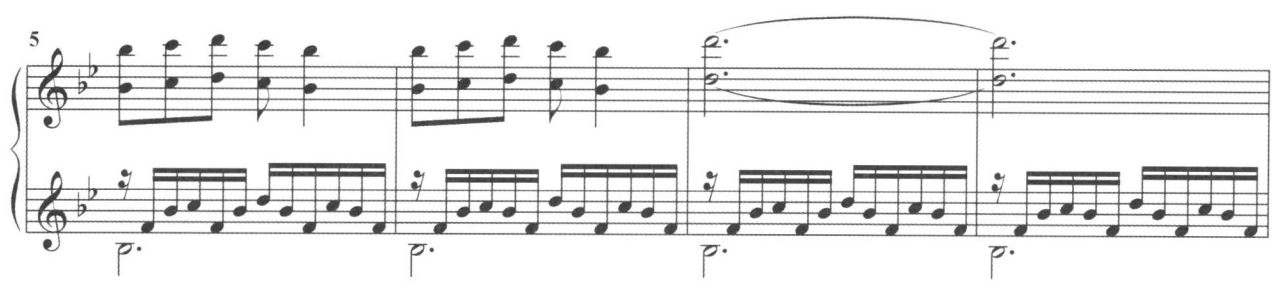

(법사의 노래 - 독창)

바람이 일어 먼지 구름 씻어 가고 - -

관욕灌浴과 착의着衣는
영가靈駕를 모셔다 목욕시키고 새 옷을 입히는 의식이다.

왕생가

천도재 음악 악보집

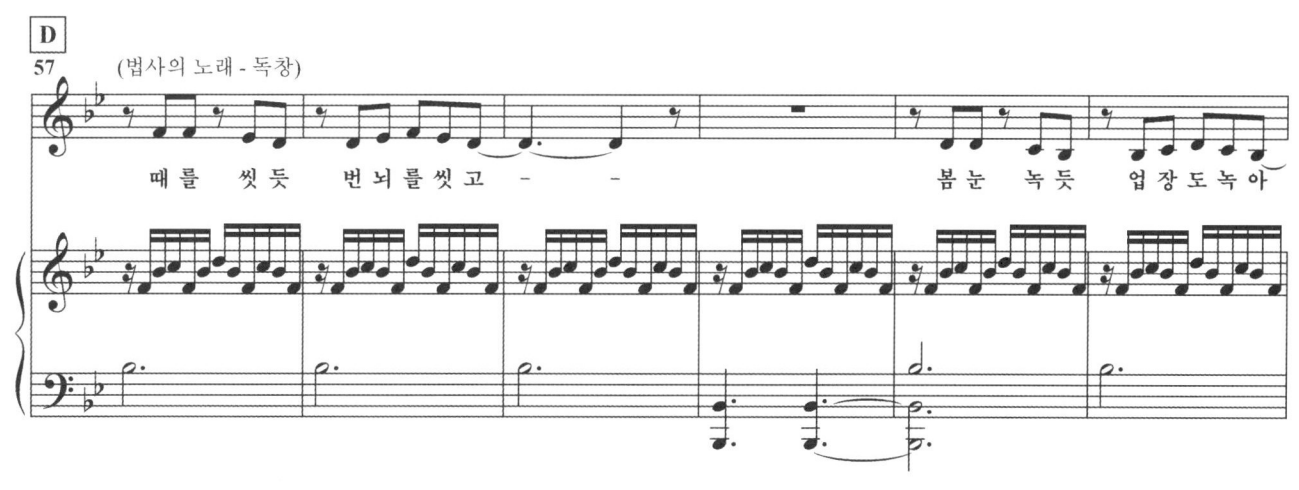

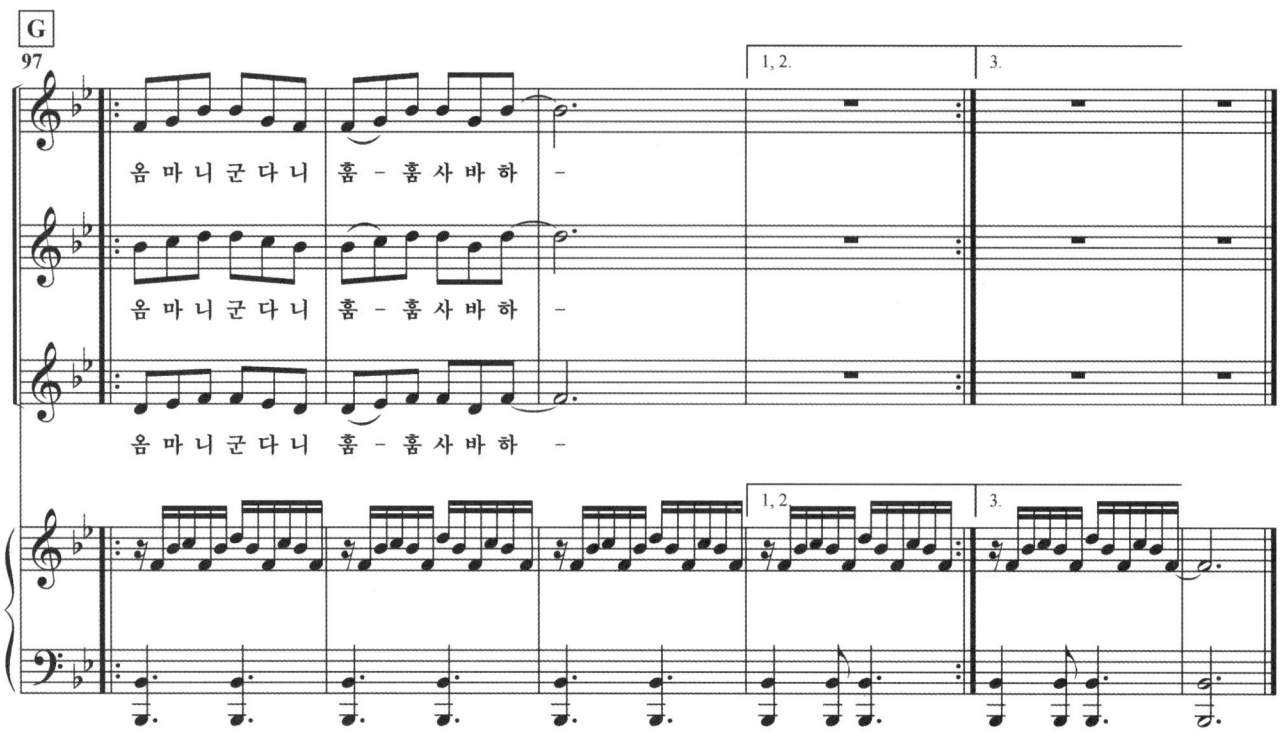

왕생가

76 천도재 음악 악보집

Score

4. 착어 노래

향적 스님 작사
최인영 작곡

착어著語는 천도재에서 모든 법문의 요체를
함축적으로 영가에게 설하는 의식이다.

왕생가

천도재 음악 악보집

왕생가

천도재 음악 악보집

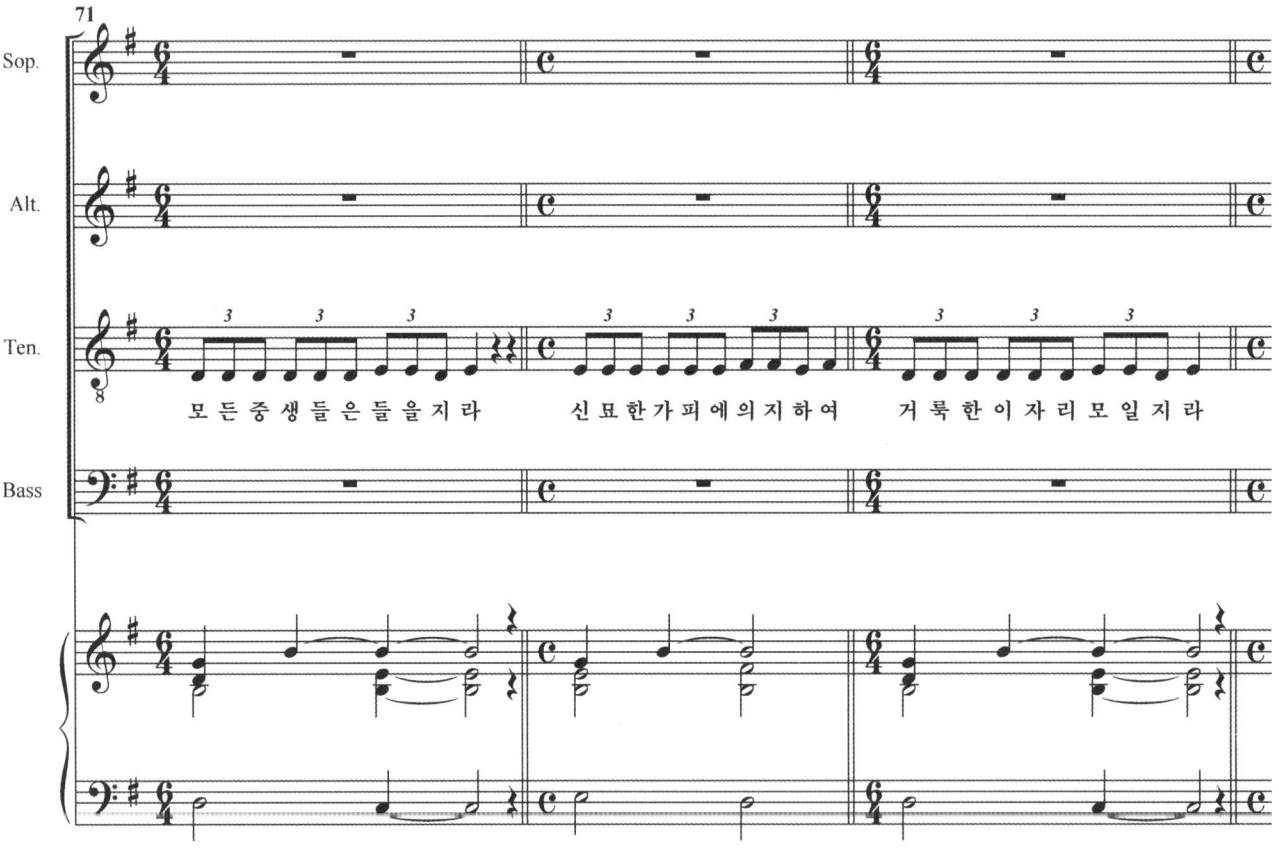

5. 신묘장구대다라니 노래

이용재 작곡

신묘장구대다라니는 비밀스런 주문인데,
부처님의 모든 공덕과 지혜가 담긴 비밀 주문이라서 총지總持라고도 한다.

왕생가

6. 잔칫상 노래

Score

향적 스님 작사
김강곤 작곡

잔칫상 노래는
영가님께 공양을 올리고 잔치를 벌이는 노래다.

왕생가

왕생가

천도재 음악 악보집

7. 보공양진언의 노래

향적 스님 작사
최인영 작곡

보공양진언普供養眞言은
영가가 받은 공양을 두루 회향하도록 이끄는 의식이며 주문이다.

8. 장엄염불 노래

향적 스님 작사
김강곤 작곡

장엄염불莊嚴念佛은 서방극락세계의 아미타불을 찬탄하면서
반야용선을 타고 고해의 바다를 건너 저 열반의 언덕으로 가는 염불이다.

왕생가

왕생가

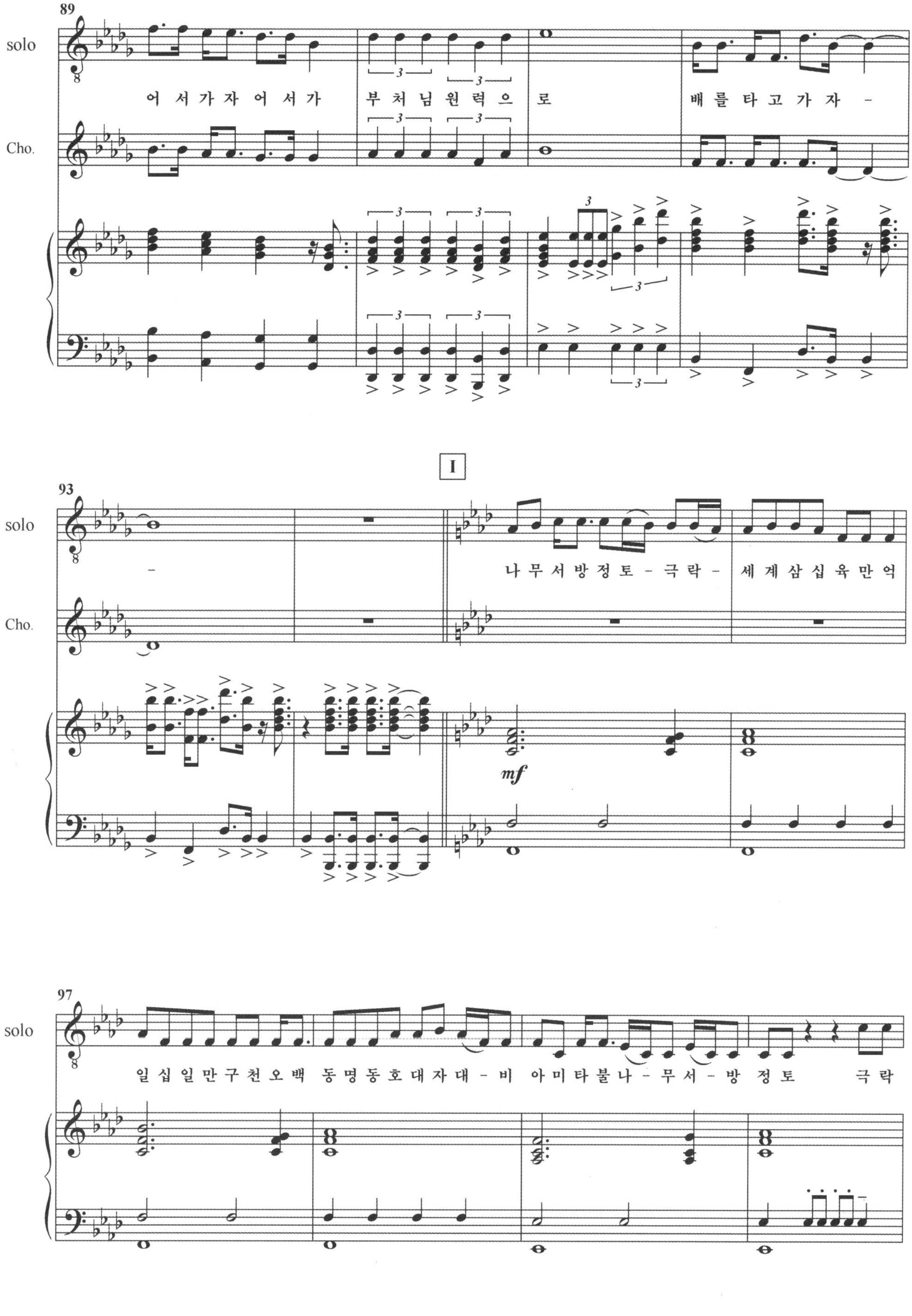
89
solo
어 서 가 자 어 서 가
부 처 님 원 력 으
로
배 를 타 고 가 자 -
Cho.
93
I
solo
-
나 무 서 방 정 토 - 극 락 -
세 계 삼 십 육 만 억
Cho.
mf
97
solo
일 십 일 만 구 천 오 백
동 명 동 호 대 자 대 - 비
아 미 타 불 나 - 무 서 - 방 정 토
극 락

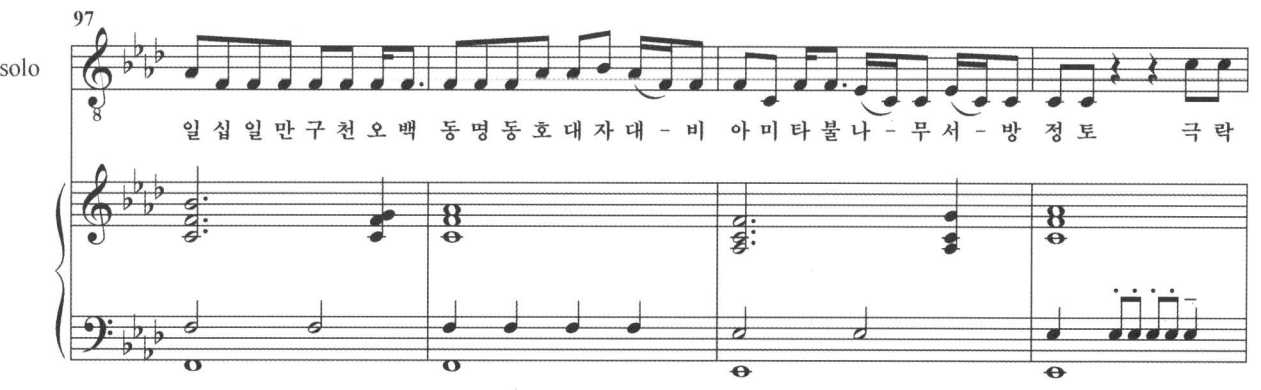

9. 마지막 위로의 노래

Score

향적 스님 작사
최인영 작곡

마지막 위로의 노래는
영가가 남은 이들을 위로하는 노래다.

왕생가

10. 봉송의 노래

향적 스님 작사
동민호 작곡

봉송奉送은 재가 끝나 위패를 사르며
영가님을 극락세계로 보내 드리는 의식이다.

11. 종사영반 노래

향적 스님 작사
최인영 작곡

종사영반宗師靈飯은
덕 높으신 스님네가 열반했을 때 지내는 천도재 의식이다.

왕생가

천도재 음악 악보집

왕생가

천도재 음악 악보집

往生歌

천도재 음악 악보집

⊙ 가사 모음

1. 수설대회소 노래
2. 고혼청 노래
3. 관욕과 착의 노래
4. 착어 노래
5. 신묘장구대다라니 노래
6. 잔칫상 노래
7. 보공양진언의 노래
8. 장엄염불 노래
9. 마지막 위로의 노래
10. 봉송의 노래
11. 종사영반 노래

1. 수설대회소 노래

어찌하면 밝힐까 삶과 죽음의 어두운 굴레
부처님의 지혜 등불 의지해야 밝히리
어찌하면 건널까 파도 높은 고통 바다
가르침의 배를 의지해야 건너리
어찌하면 넘을까 삼악도의 높은 산
아아, 아아, 진리를 깨닫지 못한 채
어두운 숲속을 헤매인 지 몇 겁인가
고치 속에 갇힌 누에와 한가지여라

세상 어느 날보다 가장 고요한 오늘
세상에서 가장 슬기로운 부처님이시여,
부처님 뜻 받들어 일심으로 영가들의 앞길을 밝혀주시는
대성인로왕보살님이시여!
오늘의 수인공인 영가로 하여금
부디 한 생각 어둡지 않고
부디 마음 근원 명백히 하여
꽃길을 밟으며 이 도량 들어와서
저희들의 공양을 듬뿍 받고
오랜 원한과 묵은 빚 단박에 소멸하고
위없이 높고 바른 깨달음 얻게 하소서

님이시여! 님이시여! 오늘은 좋은 날
지난날 모두 잊고 새 세상 가는 날

하늘도 땅도 새로이 열렸어라
다정했던 사람들 그대 앞날 축복하고
바람도 도량에 모여 풍경으로 노래하네

생각하면 이 세상 얼마나 힘들었나
그래도 서로서로 도우며
우리 함께 행복했지
어두운 생각일랑 지금 즉시 버리고
님이시여! 님이시여!
마음을 돌이키면 온 세상이 꽃동산
마음속 여의주를 곱게 간직하여
다시는 생사에 얽매이지 말지니
인간의 목숨이란 물거품이어서
한 덩어리 붉은 해가 서산에 지고 있네

2. 고혼청 노래

인생은 언제나 선택의 두 갈래 길
그 앞에서 사랑을 선택했던 멀고 먼 여행길
떠나야 할 그 사람
그 사람이 이곳 향해 오고 있습니다
가시밭길 헤치며 눈보라도 무릅쓰고
비바람을 뚫고서 불보살님 만나고자
다정했던 그 님에게 공양을 베풀고자
이 법석 마련하여
이름 다시 부르오니

향화청 향화청
꽃을 올립니다
불보살님 부디 우리 꽃길로 인도하소서

인생은 언제나 지도 없는 여행길
낯설은 그 길 앞에서 언제나 사랑을 선택했던
우리들의 다정한 님이시여
험난한 길 위에서 현혹되지 말지어다
가시밭길 헤치며 눈보라도 무릅쓰고
비바람을 뚫고서 불보살님 만나고자
한 줄기의 향 사르며 님에게 청합니다
인연 따라 생멸하네 멀고 먼 여행길에서
가시밭길 헤치며 눈보라도 무릅쓰고
비바람을 뚫고서 불보살님 만나고자

향연청 향연청 향을 올립니다

불보살님 모시오니
마음껏 드시옵소서

3. 관욕과 착의 노래

바람이 일어 먼지구름 씻어가고
빗방울 내려 대지를 적시듯
여기 향기로운 목욕물이 있나니
몸과 마음 담아 새 옷을 입으시라

새 신발 꼬까옷 입고 소풍 가는 길처럼
엄마 손 꼭 잡고 장터 가는 길처럼
두려움 없이 호기심 가득 눈망울처럼
무지개 타고 하늘을 나는 환한 꿈처럼

그날처럼
부처님 옷 그대로
부처님 마음 그대로
옴 마니 군다니 훔훔 사바하

때를 씻듯 번뇌를 씻고
봄눈 녹듯 업장도 녹아
이 옷은 꼭 맞는 해탈의 옷이오
이 옷은 포근한 진리의 옷이오

이 구비를 돌면 복사꽃 양지말
이 고개를 넘으면 진달래 꽃길
이 강물을 건너면 안락 꽃동산
내가 웃으니 엄마 얼굴 함박꽃

그날처럼

부처님 옷 그대로
부처님 마음 그대로
옴 마니 군다니 훔훔 사바하

4. 착어 노래

요령 소리 울려 청하나니 모든 중생들은 들을지라
신묘한 가피에 의지하여 거룩한 이 자리 모일지라
석가세존 사라수 아래 관 밖으로 두 발 보이셨네

달마대사 총령 마루턱에 신 한 짝 들고 가셨네

오, 어디에 있나
나, 어디에 있나

오묘한 본체는 둥글고도 맑아라
옛 사람 어디 있으며,
지금 사람 어디 있던가
태어남도 없으며 죽음도 없으면
비고 고요한 본 모습 홀연히 찾으리라

자비로운 광명 비친 곳에 연꽃이 만발-하거늘
배고픔 갈증을 여의고서 지혜의 눈-을 얻는다네
망념과 괴로움 지-옥의 두려움 더 이상 없어라
생각과 생각 아미타불 극락세계 아닌 곳 없어라

오, 어디에 있나
나, 어디에 있나

오묘한 본체는 둥글고도 맑아라
옛 사람 어디 있으며,
지금 사람 어디 있던가
태어남도 없으며 죽음도 없으면
비고 고요한 본 모습 홀연히 찾으리라

오묘한 본체는 둥글고도 맑아라
옛 사람 어디 있으며,
지금 사람 어디 있던가
태어남도 없으며 죽음도 없으면

비고 고요한 본 모습 홀연히 찾으리라

자비로운 광명 비추이는 곳에는
연꽃이 만발하거늘 갈증을 영원히 여의네
석가세존 사라수 아래 관 밖으로 두 발 보이셨네
달마대사 총령 마루턱에 신 한 짝 들고 가셨네

오, 어디에 있나
나, 어디에 있나

5. 신묘장구대다라니 노래

나모라 다나다라 야야 나막알야 바로기제 새바라야
모지 사다바야 마하 사다바야 마하가로 니가야 옴 살바 바예수
다라나 가라야 다사명 나막 가리다바 이맘알야 바로기제 새바라
다바 니라간타 나막 하리나야
마발타 이사미 살발타 사다남 수반 아예염 살바 보다남
바바마라 미수다감 다냐타 옴 아로계 아로가
마지로가 지가란제 혜혜하례 마하모지 사다바 사마라 사마라
하리나야 구로구로 갈마 사다야 사다야
도로도로 미연제 마하미연제 다라다라 다린나례
새바라 자라자라 마라 미마라 아마라
몰제 예혜혜 로계 새바라 라아 미사미 나사야
호로호로 마라호로 하례 바나마 나바
사라사라 시리시리 소로소로 못쟈못쟈 모다야 모다냐
매다리야 니라간타 가마사 날사남 바라 하리나야 마낙 사바하
싯다야 사바하 마하 싯다야 사바하

싯다유예 새바라야 사바하 니라간타야 사바하
바라하 목카싱하 목카야 사바하 바나마 하따야 사바하
쟈가라 욕다야 사바하 상카섭나녜 모다나야 사바하
마하라 구타다라야 사바하 바마 사간타 이사 시체다
가릿나 이나야 사바하 먀가라 잘마이바 사나야 사바하
나모라 다나다라 야야 나막알야 바로기제 새바라야 사바하

6. 잔칫상 노래

가지가지 음식이 온 세계에 두루하여
사람마다 굶주림과 목마름을 면하고서
지옥세계 무너지고 맺은 원결 풀어지며
어서 빨리 극락세계 태어나길 원하나니

우리는 사랑을 생각하고,
우리는 지혜를 생각하고,
우리는 나눔을 생각한다네
보이는 모양마다 부처님,
들리는 소리마다 법문이,
스치는 손길마다 온정이

나무 다보여래 인색과 탐욕 버리고서 법의 재물 갖추게 하옵소서
나무 묘색신여래 추한 모습 떠나고서 좋은 모습 갖추게 하옵소서
나무 광박신여래 범부의 몸 버리고서 허공 같은 몸 깨닫게 하옵소서
나무 이포외여래 모두 두려움을 떠나 열반락을 얻도록 하옵소서
나무 감로왕여래 모든 목구멍이 열려 감로의 맛 얻도록 하옵소서

연못에는 순전한 금모래가 깔려 있고
가로수는 일곱 가지 보배로 장엄되어
이곳에는 지옥이란 이름조차 없는 나라
대자비와 원력으로 장엄된 나라에서

우리는 사랑을 생각하고,
우리는 지혜를 생각하고,
우리는 나눔을 생각한다네
보이는 모양마다 부처님,
들리는 소리마다 법문이,
스치는 손길마다 온정이

7. 보공양진언의 노래

아침에 핀 꽃이 저녁에 시들어도
가지마다 탐스런 과일
향기롭고 아름다운 음식이 퍼지네
옴 아나나 삼바바 바아라 훔

덧-없는 인연들과 집착을 다 버리니
목-마름 배고픔 없어라
이내 마음 온 세상의 빛 되길 원하네
옴 아나나 삼바바 바이라 훔

8. 장엄염불 노래

나무아미타불 나무아미타불 나무아미타불

이생이 다하도록 다른 생각 아니하고 (나무아미타불)
오로지 한 맘으로 아미타불 따르리라 (나무아미타불)
마음으로 한결같이 옥호광명 생각하고 (나무아미타불)
생각마다 한결같이 금색 부처 떠나지 않고 (나무아미타불)

염주를 가지고서 법계를 관할 때에 (나무아미타불)
허공을 노끈 삼아 꿰지 못함 없사옵고 (나무아미타불)
평등하신 노사나불 안 계신 곳 없건마는 (나무아미타불)
서방세계 아미타불 관하옵고 구하오니 (나무아미타불)

물이 얼어 얼음 되고 얼음 녹아 물이 되듯 (나무아미타불)
이 세상의 삶과 죽음 물과 얼음 같으오니 (나무아미타불)
육친으로 맺은 정을 가벼웁게 거두시고 (나무아미타불)
청정해진 업식으로 극락왕생 하옵소서 (나무아미타불)

영가시여 사바일생 다 마치는 임종시에 (나무아미타불)
지은 죄업 남김없이 부처님께 참회하고 (나무아미타불)
한 순간도 잊지 않고 부처님을 생각하면 (나무아미타불)
가고 오는 곳곳마다 그대로가 극락이니 (나무아미타불)

첩첩 쌓인 푸른 산은 부처님의 도량이요 (나무아미타불)
맑은 하늘 흰 구름은 부처님의 발자취며 (나무아미타불)
뭇 생명의 노랫소리 부처님의 설법이고 (나무아미타불)
대자연의 고요함은 부처님의 마음일세 (나무아미타불)

배 띄워라 이 배는 피안으로 가는 반야의 배
배 띄워라 이 배는 극락으로 가는 해탈의 배
어서 가자 이 배를 타고 물결 헤치고 가자
어서 가자 어서 가 부처님 원력으로 배를 타고 가자

나무 서방정토 극락세계 십십육만억 일십일만 구천오백 동명동호 대자대비 아미타불,
나무 서방정토 극락세계 불신장광 상호무변 금색광명 변조법계 사십팔원 도탈중생
불가설 불가설전 불가설 항하사 불찰미진수 도마죽위 무한극수 삼백육십만 억 일십일만
구천오백 동명동호 대자대비 아등도사 금색여래 아미타불

나무문수보살 나무보현보살 나무관세음보살 나무대세지보살 나무금강장보살 나무제장애보살
나무미륵보살 나무지장보살 나무일체청정대해중보살마하살

원공법계제중생 동입미타대원해 시방삼세불 아미타제일 구품도중생 위덕무궁극 아금대귀의 참회삼업죄
범유제복선 지심용회향 원동염불인 진생극락국 경불요생사 여불도일체 원아임욕명종시
진제일체제장애 면견피불아미타 즉득왕생안락찰

원하옵건대 일체 모든 이에게 공덕을 돌리노니,
극락에 나시어 아미타불 뵈옵고 부처님 가르침 모두 이뤄지이다

9. 마지막 위로의 노래

어떤 인연의 바람이 불어오는지

어떤 인연의 바람을 불러 오는지
우리는 알 수 없어요
내일은 알 수 없어요
그러니 눈물은 그만두어요

낙엽을 밟으며 걷는 이 길이
정녕 아름답지 않으신가요
새봄 꽃향기 맡으며 정답게 걷는 이 길이
꿈처럼 다시 못 올 것 같은데
내일 흘릴 눈물도 미리 가져오지 말아요
아팠던 과거일랑 거기에 두어요
쌓이고 쌓여서 향기로울 때까지
그냥 그대의 기억 속에 두어요

내게 부드러운 웃음을 주세요
이제 가서는 다시 아니 와도 좋겠소
정녕 그대 곁으로 다시 온다고 해도
난 이제 그저 좋다고 하겠소

10. 봉송의 노래

사대가 흩어지니 한바탕 꿈같아라
육진과 심식도 본래 텅 비었구나
빛으로 돌아갈 곳 알고자 한다면
서산으로 해가 지니 동쪽에서 달이 솟네

세간에 있으면서 허공처럼 빈 마음

연꽃이 연지물이 묻지 않는 것 같아
마음이 청정하여 세간을 벗어나신
위없는 부처님께 머리 숙여 절합니다

불이 타고 바람 불어 천지가 무너져도
고요하고 고요함이 흰 구름 사이에 있네
한 소리 휘둘러서 쇠로된 벽 허물고
아미타불 계시는 칠보산을 향하여라

원왕생 원왕생 원생극락견미타 획몽마정수기별
원왕생 원왕생 원재미다회중좌 수집향화상공양
원왕생 원왕생 원생화장연화계 자타일시성불도

11. 종사영반 노래

아- 어찌 그 슬픔 잊으리
당신이 떠난 날
돛단배가 망망대해에서 길을 잃었어라
그날 난 알았습니다.
함께일 땐 우주가 고향이더니
떠나시니 안방도 타향인 것을요

님이시여 님이시여
바다 가운데서 부릅니다
님이시여 님이시여
언제나 그러했듯
호랑이 같은 눈매와

관세음보살 같은 마음씨로
다시 옵소서

스승이여 참스승이여
어린 중생들 엎드려 청하니
원적에서 깨시어 사바세계 밝혀주소서

스승이여 참스승이여
당신 안 계신 망망한 고해여
사바세계 되오셔 청정법단 오르옵소서

아- 어찌 그 슬픔 잊으리
당신이 떠난 날 돛단배가 망망대해에서 길을 잃었어라
그때 난 알았습니다
함께일 땐 우주가 고향이더니
떠나시니 안방도 타향인 것을요

님이시여 님이시여 바다 가운데서 불러봅니다
님이시여 님이시여 언제나 그러했듯
호랑이 같은 눈매와
관세음보살 자비 마음씨로
다시 옵소서